职场礼仪

主　编　王　媛　梁晓芳
副主编　易　志　熊慧茹
　　　　唐　瑾　段晓英

科学出版社
北　京

内 容 简 介

本书以大学生初入职场的基本礼仪为基点，按照职场中不同场合的礼仪规则，系统地介绍职场中的个人形象、面试礼仪、仪态礼仪、会面礼仪、通信与网络礼仪、餐饮礼仪和接待礼仪。本书采用理论知识、专业技巧相结合的方式，重点培养学生的应用能力和基本操作能力，以满足高职高专院校达成培养目标的需要。

本书既可作为高职高专各类专业的公共课教材，又可作为相关专业人员的培训用书。

图书在版编目（CIP）数据

职场礼仪/王媛，梁晓芳主编．—北京：科学出版社，2023.3

ISBN 978-7-03-067894-2

Ⅰ．①职… Ⅱ．①王… ②梁… Ⅲ．①心理交往-礼仪-高等职业教育-教材 Ⅳ．①C912.1

中国版本图书馆 CIP 数据核字（2020）第 271285 号

责任编辑：高立凤 / 责任校对：王万红

责任印制：吕春珉 / 封面设计：东方人华平面设计部

科 学 出 版 社 出版

北京东黄城根北街 16 号

邮政编码：100717

http://www.sciencep.com

三河市骏杰印刷有限公司 印刷

科学出版社发行　　各地新华书店经销

*

2023 年 3 月第 一 版　　开本：787×1092 1/16

2023 年 12 月第二次印刷　　印张：7 1/2

字数：175 000

定价：33.00 元

（如有印装质量问题，我社负责调换〈骏杰〉）

销售部电话 010-62136230　编辑部电话 010-62135120-2052

前言

PREFACE

中华民族素有“礼仪之邦”的美誉。在我国，礼仪一直是国家、民族文化中的重要组成部分。孔子认为礼仪是一个人修身、养性、持家、立业、治国、平天下的基础。荀子认为人无礼则不生，事无礼则不成，国无礼则不宁。随着我国改革开放的不断深入、经济的飞速发展，礼仪得到充实和发展，成为人们日常生活中不可缺少的部分。

良好的礼仪和文明的行为，既能体现一个人的修养、风度和魅力，也能帮助人们建立良好的社会关系。一个人要想融入社会，就要了解社会习俗和规范，以规范自己的言行举止。一个现代社会的职场人要想获得职业的发展、事业的成功，就应该掌握职场礼仪，懂得在职场中如何以恰当的方式与人沟通和交流。礼仪规范是每个人通往成功道路的“通行证”和“加速器”。

初涉职场的年轻人往往面临着各种各样的第一次，如第一次接待客户、第一次布置会客厅、第一次向客户递名片……如何与人进行得体的交谈？在向领导汇报工作时应用什么样的站姿和坐姿？这都是职场人士必须了解的礼仪规范。得体的着装能使人在职场面试中脱颖而出；优雅的举止会让人风度翩翩；精心挑选的礼物会让客户欣喜不已，并增进双方的友谊。在交往日益频繁的今天，作为即将进入职场或已身在职场的人士，必须了解、熟悉和正确运用礼仪，重视塑造自身的职业形象。

本书作为重庆公共运输职业学院重庆市优质校建设项目的成果之一，目的是帮助学生更有效率地进行学习，为教师实施实践教学提供参考。

本书由重庆公共运输职业学院的王媛、梁晓芳担任主编，负责全书的整体策划、统稿和定稿工作，由易志、熊慧茹、唐瑾、段晓英担任副主编。各项目的编写分工为：王媛编写项目一、项目六，唐瑾编写项目二，易志编写项目三，熊慧茹编写项目四，段晓英编写项目五，梁晓芳编写项目七。

在编写本书过程中，编者参考了许多礼仪方面的书籍及相关文献资料，得到了许多领导和同事的关心与指导，在此谨向相关作者和学者表示衷心的感谢。

由于编者水平和时间有限，书中难免存在不妥和疏漏之处，敬请广大读者批评指正。

编　者

2022年10月23日

目录

CONTENTS

项目一 职场中的个人形象

引 言

个人形象在职场和生活中都很重要，塑造良好的个人形象需要从多方面入手。本项目将从合适的发型、漂亮的妆容、时尚的服饰穿搭3个方面，对如何塑造职场中的个人形象进行详细的讲解。

※ 知识目标

1）了解不同身材选择服装的要点。
2）了解穿衣风格饰品选择的要点。
3）了解职场中休闲正装的穿搭技巧。

※ 能力目标

1）能够掌握皮肤的分类。
2）能够知道自己的身材类型。
3）能够为自己选择合适的发型。
4）能够给自己化得体的职业妆容。

※ 素质目标

1）培养学生养成良好的卫生习惯。
2）培养学生成为得体的职场人士。
3）培养学生良好的个人审美观，打造符合正能量的企业形象。

任务一　合适的发型

头发是个人形象非常重要的组成部分。无论是男士还是女士，合适的发型都可以使人精神抖擞。因此，对头发进行基础打理和选择适合自己的发型，成为职场人士的个人形象加分项。头发最容易出现的问题是有头皮屑和出油，解决这两个问题最简单的方法就是勤洗头。在清洁好头发后，就可以根据自己的脸形和气质挑选合适的发型。

在职场中，人们的发型其实跟工作单位密切相关。企业对男士的发型要求一般是不能留长发，衡量标准是前不遮额头、后不及衣领、两边不戳耳朵。但是在一些比较注重职工个性和创造力的单位，如艺术行业、设计行业，对男士发型的要求比较宽松。对于女士发型，有一种说法是身高较高的女士可以留长发，而相反的，娇小型女士采用短发和锁骨发有显高的作用（图 1-1、图 1-2）。对于直发和卷发，女士要根据自己的脸形和气质来选择。如今，无论是男士还是女士，都喜欢染头发，但作为职场人士，不要染另类和夸张的颜色，以免给别人留下不好的印象。

图 1-1　短发

图 1-2　锁骨发

任务实施

学生分组运用相关知识进行讨论；教师设定场景，让学生结合相关场景找到自身发型需要改变的地方；各小组派代表进行小组任务总结汇报；教师统一点评各组任务实施情况，并强调需要注意的问题。

任务二　得体的妆容

得体的妆容，不仅可以修饰脸上的瑕疵，还可以提升个人的气质和形象。因此，在初入职场时，学会日常的化妆技巧是非常必要的。

一、化妆前的保养

保养皮肤是非常重要的。随着年龄的增长，人们的皮肤会变得松弛、干燥，会出现各种问题，因此想要妆容自然好看，必须进行化妆前的保养。

皮肤的类型与日常保养操作方法

（一）皮肤的类型

每个人的皮肤都是不一样的，皮肤的类型大致分为 5 类。

1. 油性皮肤

对于油性皮肤的人来说，脸部T型区非常容易出油，脸颊容易毛孔粗大，在这些区域容易长痘。因此，油性皮肤的人应该做好对皮肤的控油、补水和保湿工作。

2. 干性皮肤

干性皮肤的人皮肤干燥，皮肤毛孔比较细小，容易长细纹，比较容易脱皮和长斑。因此，应该做好对皮肤的补水、保湿工作。

3. 中性皮肤

中性皮肤是比较理想的肌肤，不仅不油、不干、不易过敏，还不容易长痘，也不容易长皱纹和脱妆。如果想给皮肤更好的保养，就要做好皮肤的保湿工作。

4. 混合性皮肤

顾名思义，混合性皮肤就是既有油性部位，又有干性、中性部位的皮肤。一般情况下，混合性皮肤的人的脸部T型区为油性皮肤，脸颊等部位为干性或中性皮肤。很多人容易把混合性皮肤和油性皮肤搞混，觉得自己是油性皮肤，其实不然，只是脸上T型区属于油性部位。因此，我们在护肤的时候，要区别对待每个部位。

5. 敏感性皮肤

敏感性皮肤的特点是皮肤比较薄，容易发红和出血丝。因此，在生活中敏感性皮肤的人需要小心护理皮肤，可以用柔和配方的产品进行护理。对处于过敏期的皮肤，不要过度护理，要停止使用功效性的保养品，以基础保湿为主，给皮肤足够的时间来恢复健康。如果皮肤过敏很严重，已经影响到生活，则要及时去医院就医。

（二）护肤的步骤

1. 洁面

早上起床后，洗脸能让人神清气爽。在早上洁面可以不用洁面乳，因为皮肤经过一夜的休息，还没被唤醒，而洁面乳对皮肤具有刺激性，所以建议用清水洗脸。可以先用温热水洗脸，再用冷水洗脸。温热水可以让皮肤毛孔张开，以便清洁。冷水可以使毛孔收缩，使肌肤紧致，还可以去除睡意。

2. 使用化妆水或爽肤水

化妆水的作用是通过再次清洁恢复皮肤表面的酸碱值，并调理皮肤角质层，使皮肤更好地吸收养分，并为使用保养品做准备。爽肤水则有二次清洁皮肤的作用。在洗脸后，用爽肤水轻轻按压全脸，给皮肤补充水分，唤醒肌肤。如果皮肤比较干燥，则可以多按压几层爽肤水。

3. 使用精华

面部精华的主要作用是美白、补水、保湿，能真正改善皮肤肤质，提升皮肤光泽。

4. 使用面霜、乳液

面霜、乳液能够使皮肤更好地吸收养分，并锁住皮肤的水分。秋、冬季节天气干燥，我们更应该注重皮肤锁水这一步骤，因此要在护肤的最后一步擦面霜。

5. 防晒

防晒霜是指添加了能阻隔或吸收紫外线的防晒剂的防止皮肤被晒黑、晒伤的化妆品。在室外时，过强的紫外线会对皮肤造成伤害，因此，我们早上护肤完成后，应给皮肤涂上防晒霜，隔离紫外线和其他刺激性物质，以保护皮肤。

以上步骤是护肤的基本流程，女士在带妆洁面之前，一定要用卸妆水或者卸妆油将彩妆卸干净，即使只擦了防晒霜，也需要卸妆。男士的护肤步骤可以简化为洁面、使用爽肤水和面霜。根据自己的皮肤情况选择合适的护肤品，会让皮肤状态更好。

二、日常化妆方法

（一）化底妆

底妆是美丽的基础，相当于楼房的地基，所有的彩妆都是化在底妆之上的。目前，常用的底妆产品为粉底液、气垫粉底、BB 霜等。有的女士上了粉底容易浮粉、卡粉，这是由皮肤干燥导致的，因此女士在上粉底前要做好皮肤的保湿。也可以将精华油跟粉底调和进行上妆，这样上妆会更自然。

选择粉底液色号，不要一味追求白，否则会出现假面的现象。应选择跟自己肤色相近的颜色。在试色的时候，我们可以将粉底液涂在下颚角处，如果看不出脖子和脸有明显的色差，则是较合适的色号。

目前上底妆的常用工具有美妆蛋（图 1-3）、粉底刷（图 1-4）、气垫粉扑。在使用美妆蛋时，要先将它浸泡湿润，然后轻轻将大部分水分挤干，用手指或者粉底刷将粉底液平铺在面部，从面中开始，由内向外用湿润的美妆蛋进行轻拍，拍完后可以用手指轻轻按压，看不到手指印时，就说明上的底妆比较自然了。如果选用粉底刷进行上妆，则要选择刷毛细软的、刷到皮肤上没有刷痕的粉底刷。使用气垫粉扑上底妆时，方法和美妆蛋一样，都是轻拍并进行少量多次的按压，把粉底液按压到每个毛孔里，使底妆看起来既轻薄又自然。

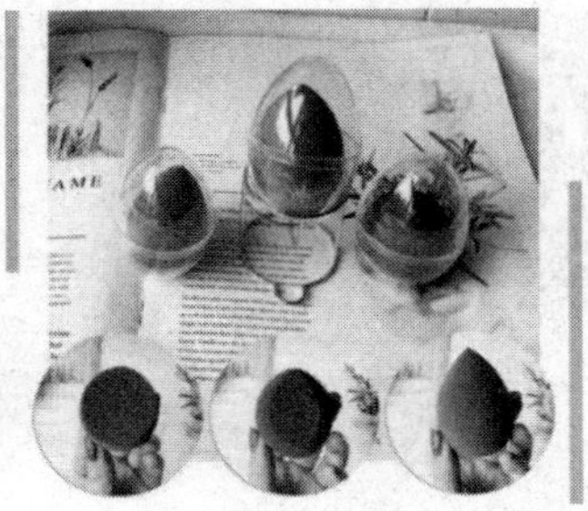

图 1-3　美妆蛋

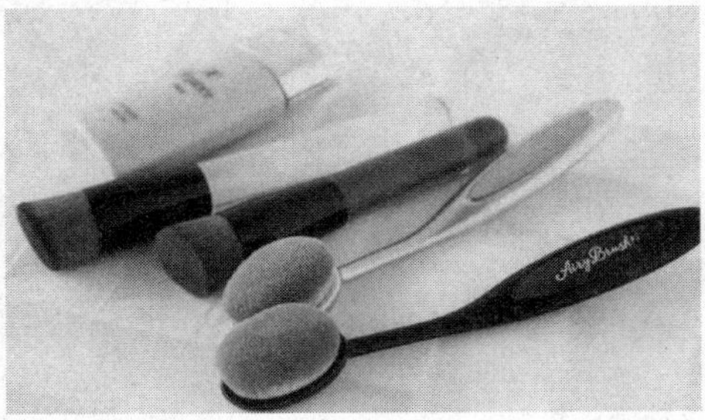

图 1-4　粉底刷

（二）遮瑕

正确使用遮瑕膏的顺序是在打粉底之后、使用粉饼或蜜粉之前。在打粉底之后，先对着镜子查看脸上的瑕疵哪里没有被遮盖，然后用遮瑕膏轻轻涂抹，最后用粉饼或蜜粉进行定妆。这样能使遮瑕膏和粉底完全融合在一起，否则很容易出现痕迹。人的手指其实是很好的化妆工具，手指天然的温度能够让遮瑕膏紧贴肌肤，用手指能比较均匀地涂抹遮瑕膏。不同色号的遮瑕膏针对的皮肤部位和效果不一样。例如，针对黑眼圈，应选择偏橘色调的遮瑕膏；针对暗疮、泛红的皮肤，应选择偏绿色调的遮瑕膏；需要淡化色斑时，宜选择色号与肤色相近的遮瑕膏，不仅能掩盖色斑，还能与肤色自然融合；而偏蓝色调的遮瑕膏则是遮盖皮肤蜡黄的法宝。遮瑕部位最常见的有黑眼圈、法令纹、痘坑痘印、暗沉嘴角（图 1-5）。

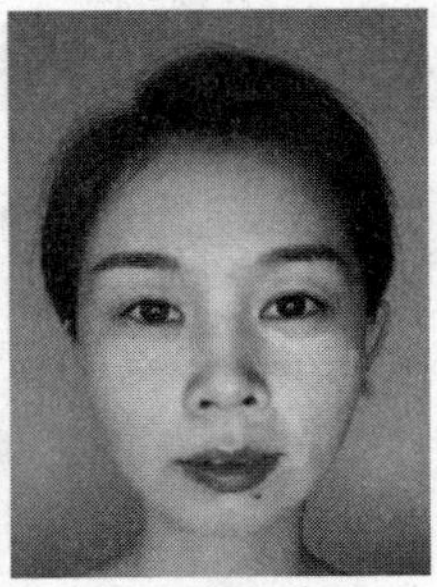

图 1-5　遮瑕部位

（三）定妆

定妆粉在日常化妆中可以让妆容维持的时间更长，避免脱妆。我们可以在化妆的最后一步使用定妆粉，也可以在打底妆的下一步使用定妆粉。定妆粉可以吸附面部多余的油脂，减少面部的油光，让妆容呈现亚光感，使肤质更加细腻。在使用定妆粉时，应少量多次，一次用得太多妆感会很重，让妆容显得死板。如果想让妆容更加持久，则可以用粉扑来上散粉，先在面部的中间进行按压，然后向外进行延伸。如果想让妆感更加轻薄，则可以用散粉刷来上妆。如果面部皱纹比较多，则建议使用散粉刷来上妆，这样会使妆感更加轻薄。如果直接用粉扑上妆，则让脸上的细纹更加突出，因为一些表情会让散粉堆积在一起，使面部显得不够自然。定妆时，着重在容易出油的地方按压，如鼻翼等部位，可以对这些部位进行重点按压，降低油脂的分泌，让妆容更加持久。定妆主要使用定妆粉饼（图 1-6）和定妆蜜粉（图 1-7）。

图 1-6　定妆粉饼

图 1-7　定妆蜜粉

（四）修容

修容的主要功能是修饰脸部轮廓，让五官显得更加立体有型。东方人天生骨骼比较扁平、不够立体，更加需要修容。修容一般以棕色粉或者咖啡色粉为主，用粉刷扫在鼻梁两侧、额头两边、颧骨下方，能够形成阴影，使宽大的脸型瞬间变小。对于额头中央、鼻梁和下巴，要用亚光高光粉来提亮，营造膨起的感觉。在太阳穴和眼睛下方涂刷浅色粉，可以让眼睛显得更为明亮、光彩绽放。需要注意的是，浅色修容粉和周边肤色的过渡要自然，尤其是深浅相交的位置（图 1-8）。

（五）化眼妆

合理的眼妆可以让女士的眼睛显得更大、更漂亮、更有神采，让女士的整个妆容看起来更有立体感，起到画龙点睛的作用。在日常职场通勤妆容里，眼影的色彩建议选择大地色系，这样看起来不会太夸张。

大地色系总体来说是偏棕色和褐色的颜色。偏暖的棕色和褐色因为像土地的颜色，所以被统称为大地色系，这种颜色非常适合东方人的眼形及肤色，让眼妆显得更加精致。需要注意的是，用眼影刷蘸取眼影的时候不要太多，轻轻地在眼眶内晕染开，不要下手太重，否则会化成熊猫眼（图 1-9）。

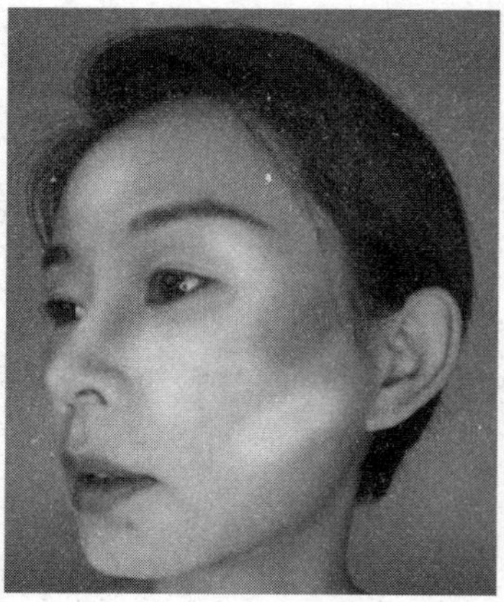

图 1-8　修容

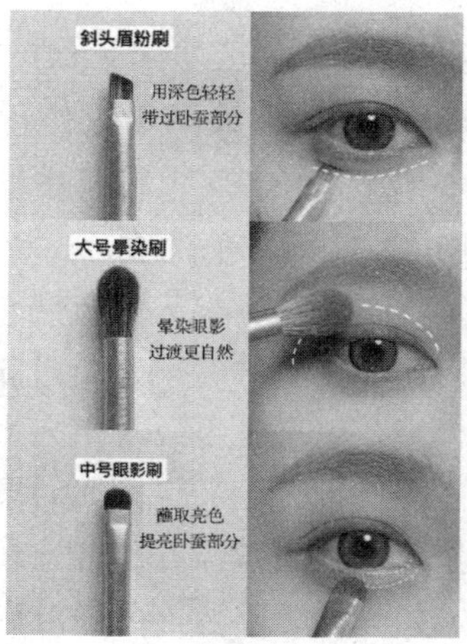

图 1-9　眼影化妆

（六）画眉

眉毛是五官的重要组成部分，画一款适合自己的眉毛，可以让五官显得更加立体，也可以修饰脸形。眉毛的类型很多，可以根据自己的脸形和气质来选择合适的眉形。想要把眉毛画得漂亮自然，也是需要下功夫的，下面图解画眉方法的要领。

首先要确定眉毛的 3 个点：眉头、眉峰、眉尾（图 1-10）。这 3 个点形成了画眉的黄金三角形，眉头垂直鼻翼，眉峰在瞳孔的外延，眉尾不超过鼻翼到眼位的外延。这样画出来的眉毛不会出现太长或太短的问题。

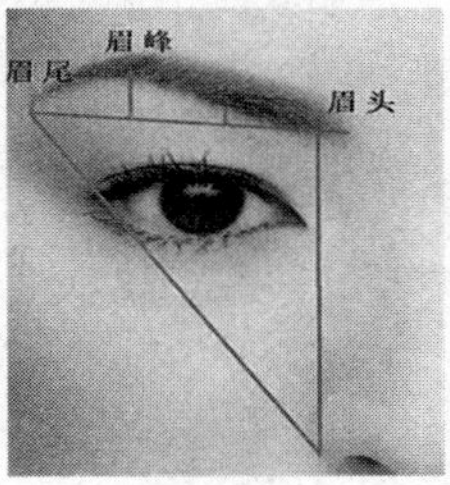

图 1-10　眉头、眉峰、眉尾

画眉的具体步骤如下。

第一步：打底妆后，用眉刷梳顺眉毛，并扫去眉毛上多余的粉底，用眉笔确定眉毛底部线条（图 1-11）。

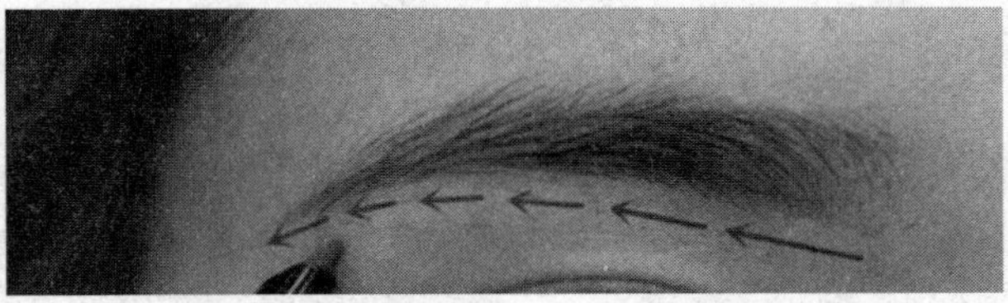
图 1-11　确定眉毛底部线条

第二步：用笔锋横向、竖向交替填色，控制手腕力度轻轻给眉毛上色即可（图 1-12）。

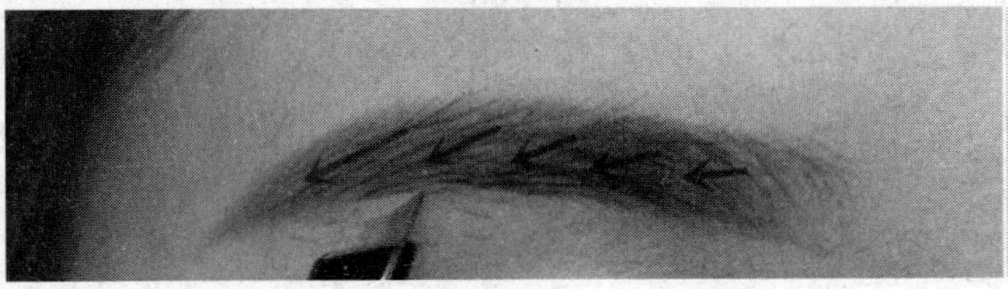
图 1-12　给眉毛上色

第三步：竖起笔锋，轻描眉头，稍微画一画即可，不要太显色，眉头和眉尾的颜色要稍微淡一点（图 1-13）。

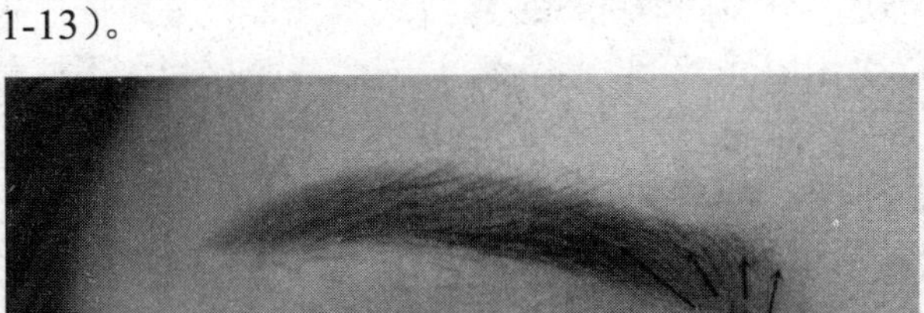
图 1-13　轻描眉头

第四步：使用双色眉粉混合填补眉毛中段的颜色，增加眉毛的厚度和层次感（图 1-14）。

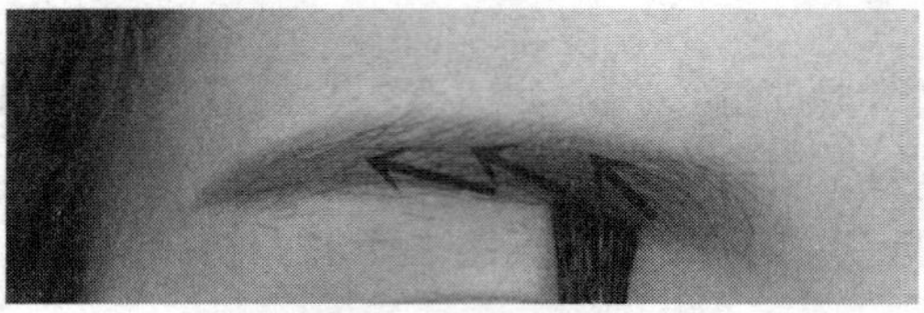

图 1-14　填补眉毛中段颜色

第五步：用眉刷将不均匀和多余的颜色扫掉，将眉头刷得更柔和（图 1-15）。

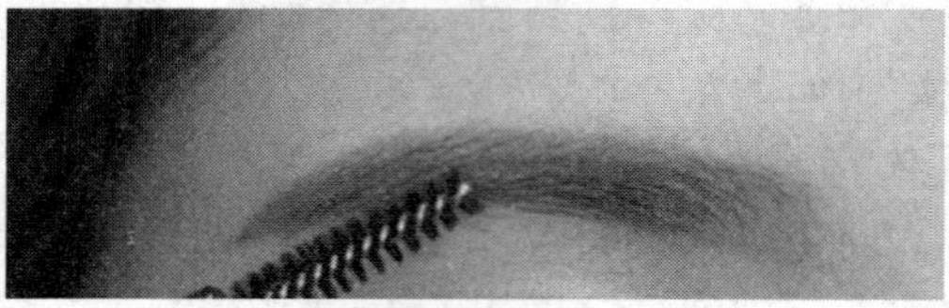

图 1-15　扫眉

画眉前后对比如图 1-16 所示。

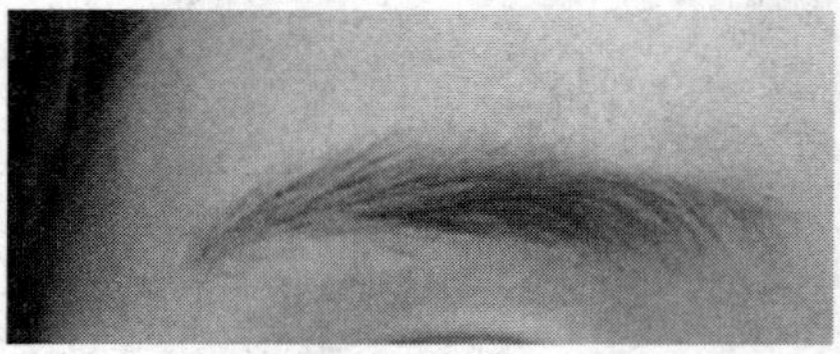

（a）画眉前

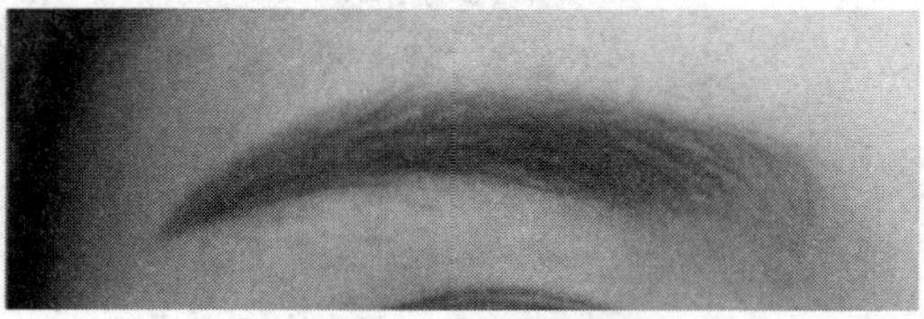

（b）画眉后

图 1-16　画眉前后对比

（七）画眼线

要使眼睛显得美丽而有精神，除了使用眼影、睫毛膏，还可以利用眼线进行修饰，让双眼更具立体感。初学画眼线的女士，应选用笔芯较软的眼线笔，因为其容易被掌握，颜色也较多。只要选择接近眼珠的颜色，沿着眼形勾勒，就能表达出自然的眼部神韵。

眼线液可以使眼线更持久且不易脱落。想使眼睛的线条清晰，可用眼线液笔。想使眼线均匀，应选用笔尖不分裂的海绵式或橡胶式眼线笔，等用惯后再改用可以调整粗细的眼线笔。不建议新手用眼线液笔，因为眼线液笔成膜极快，不好修改，而且新手会因手抖而影响眼线效果，所以推荐新手用眼线胶笔。

画眼线时，不能画得太粗，贴着睫毛根部画上细细的一条眼线，可以让眼睛更有神。如果下眼睑容易出油造成花妆，则建议用防水的眼线笔，做好眼部的控油定妆。如果是单眼皮，则建议只画眼尾的眼线，因为眼皮中段不管画多粗的眼线，睁开眼睛后都很难被人看到。

不同的眼形，画法也不同，可以根据自己的眼形和风格选择合适的眼线，一条好看的眼线可以让眼睛炯炯有神，弥补眼形的缺陷。

（八）画腮红

画腮红不仅可以让气色显得更好，还可以修饰脸形。不同脸形和肤色的人对于腮红的选择有所不同：白皙肤色的人可以选择粉色系腮红，因为白肤色配粉色腮红可以使脸部白中透点红润，还能中和过于白皙的肤色，使面部妆容看上去更加自然和谐；标准的黄肤色的人可以选择橙色系腮红，可以增加脸颊的透亮感，并且淡淡的橙色看起来非常自然；小麦肤色的人可以选择橘色系腮红，因为小麦肤色整体偏黑，多了一份无光泽感，所以选择橘色可以使其面部看起来更加有活力，也能使色泽更加饱满。

想要腮红更加自然，就要找准落点。所谓落点是指腮红颜色最重的地方，以此为中心点，将腮红颜色向周边扫开。画腮红时，面对镜子不要微笑，因为微笑的时候苹果肌会上移，当不笑的时候，腮红的位置就会偏低。画腮红的适宜位置是横向不能超过眼角、竖向不能低于鼻翼的位置。由这个落点向两边将颜色淡开，有利于使腮红的效果更加自然。根据轻扫方向的不同，所形成的腮红效果也不同。例如，由前向后扫，可以提升皮肤气色；由后往前扫，可以达到修容的效果。找准了落点，还需要合理掌控画腮红的力度，用腮红刷在两颊画上腮红的时候，对手部力量的拿捏十分重要，力度一定要轻，这是很多新手最难把握的细节。在用刷子蘸取腮红时，要轻轻蘸取以保证腮红刷的各处都蘸有腮红，用腮红刷的毛尖轻轻在两颊以打圈或刷长条的方式来回刷，直到腮红与妆面融合在一起，显出自然的效果。画圈方式不同，腮红效果也不同。以打圈的方式画腮红，可以形成可爱粉嫩的妆容，适合脸形较长、较尖的人；以刷长条的方式画腮红，能形成精致小脸的妆容，适合脸圆的人。可以将腮红刷上剩下的腮红粉打一点在鼻翼、额头和下巴，打造整体的妆感，使双颊的红晕看起来更自然健康。

不同脸形的人，对腮红位置的选择也不同，下面介绍几种常见脸形的腮红位置的选择方法。

1. 苹果肌腮红：适合鹅蛋脸形

苹果肌腮红的画法是新手常使用的腮红画法，即用腮红刷蘸取少量的腮红粉，在眼下的位置逆时针方向画圈圈，手法要轻且腮红粉用量要少，将腮红少量多次地涂抹在脸颊处，这样的妆容看起来十分减龄，并且具有少女风（图 1-17）。

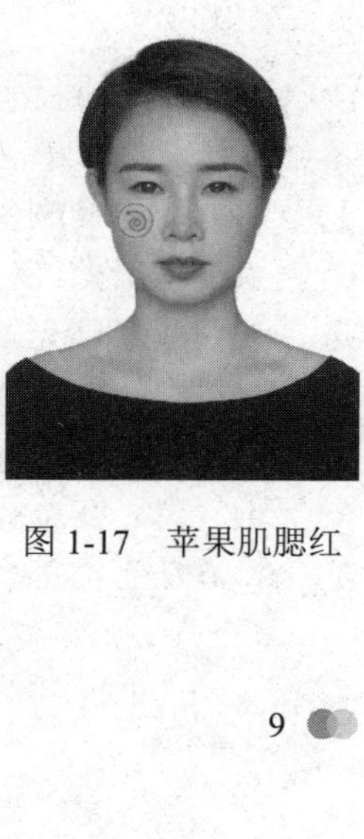

图 1-17　苹果肌腮红

2. 鬓角腮红：适合长脸形

长脸形的女士画腮红时，应该由鼻翼两侧的苹果肌开始，向着鬓角和颧骨的方向顺势均匀涂抹，面积可以大一些，但是腮红用量不宜太多，目的是使面部更加立体，就像扫上了一层阴影（图 1-18）。

3. 颧骨腮红：适合圆脸形

首先在颧骨处画上腮红，然后将腮红往太阳穴方向倾斜地提拉勾画，使腮红面积整体偏长，这样可以达到拉长脸形、缩小脸部面积的效果，非常适合圆脸形的女士（图 1-19）。

4. 心形腮红：适合所有脸形

心形腮红多被画在眼睛下方的位置。以 Z 字形的化妆手法，在脸上连续扫上一层腮红，上面宽、下面窄，慢慢增加直至腮红呈现心形的形状（图 1-20）。心形腮红通常用于遮盖黑眼圈或泪沟等。

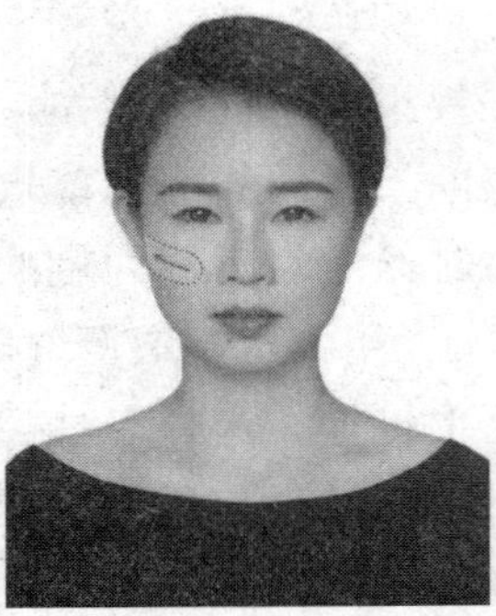

图 1-18　鬓角腮红

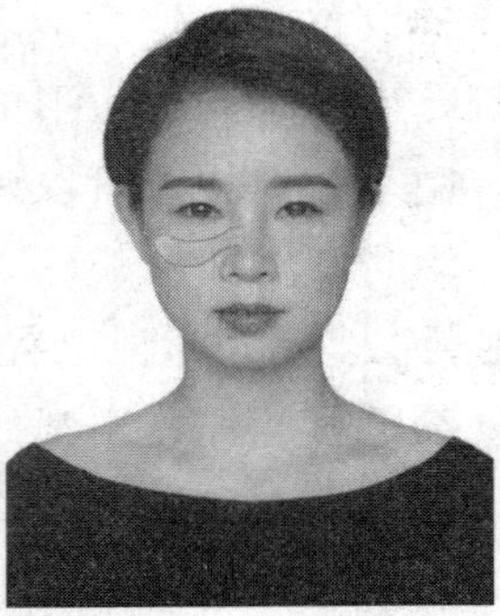

图 1-19　颧骨腮红

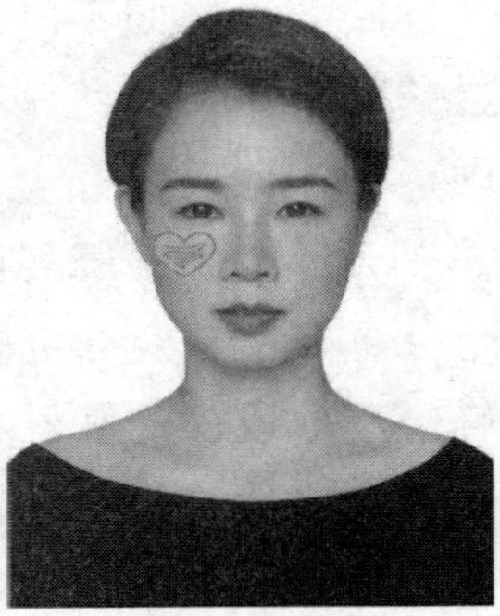

图 1-20　心形腮红

（九）涂口红

口红是女士提升气色、增加气场的必备美妆品。但是一些女士在选择口红的颜色时，不知道哪个颜色适合自己。不同肤色的人对口红颜色的选择也是不同的，皮肤偏黄的人想要通过口红的颜色让自己显得白皙，就需要了解一些技巧。皮肤暗黄的女士可以选择暖色系中偏暗的红色口红，如褐红、梅红、深咖等颜色，以使皮肤显得白皙透明，不要选择浅色或含银光的口红，因为这类颜色的口红会与皮肤形成对比，从而使皮肤显得更为暗淡；皮肤白皙的女士应选择冷色系口红，如紫红、玫红、桃红等，可使人焕发青春浪漫的神采，而选择暖色系（带黄色）口红，如暖茶红、肉桂色等，则可使人洋溢成熟的优雅气息。在选择口红的同时，女士也要根据场合和服饰进行搭配。目前，对于口红的化妆方法有很多，下面讲解几种在日常生活中常用的口红化妆方法。

1. 晕染唇

晕染唇（图 1-21）是咬唇妆的升级版，又被称为花瓣唇，因为唇色晕染的感觉特别像花朵盛开时颜色由深至浅的样子，十分有层次感。女士可以先用遮瑕膏将唇色覆盖，上第一层颜色打底，再由内到外用唇刷将颜色递进式晕染开来，使颜色外部最浅、内部最深（图 1-22）。

图 1-21　晕染唇

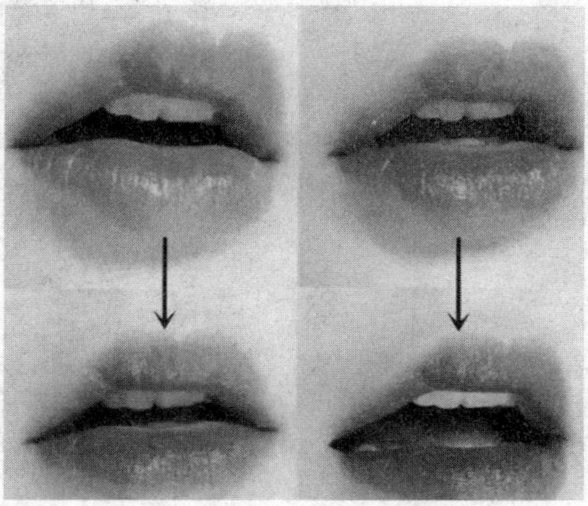

图 1-22　晕染唇的方法

2. 果冻唇

果冻唇（图 1-23）顾名思义就是像果冻一样晶莹弹润的唇妆效果，凸显出双唇的饱满和光泽。女士应首先选择适合自己的口红并将基础底色画好，然后在上面叠加一层透明的唇釉。

3. M 形红唇

红唇是经典的、不过时的唇妆。想要红唇显得气场强大，可以画出 M 形唇峰（图 1-24）。

图 1-23　果冻唇

图 1-24　M 形红唇

首先使用细小的唇刷在唇峰处画一个“X”，再将线条延长形成一个“M”；在勾勒好的线条中填充唇色，有唇峰的红唇会显得更加饱满；最后用唇膏将颜色涂满唇部即可（图 1-25）。

图 1-25　画 M 形红唇的方法

画一幅得体的妆容是美好一天的开始，希望读者通过本任务的学习，学会选择适合自己的妆容，成为干练的职场人。

任务实施

教师设定场景，让男生分组进行发型的操作练习，女生分组进行妆容的操作练习，抽取典型案例点评任务实施情况，并强调需要注意的问题。

任务三　时尚的服饰穿搭

职业服装的品质基本要素

谈到职场穿搭，有人可能会想到“正装”。在日常的职场中，怎么穿着才能让自己看起来既职业又时尚呢？本任务将探讨时尚的服饰穿搭技巧。

俗话说“人靠衣装马靠鞍”“三分人才，七分打扮”，可以看出衣着对于一个人的外表是非常重要的。据研究，人们初次见面的第一印象会在短短的 10 秒内形成，而决定第一印象的重要因素就是个人的仪容仪表。因此，学会服饰穿搭，是现代人必须掌握的一项技能。有人认为，如果一个人同时拥有“高情商”和“高智商”，那么这个人将非常优秀。但是试想一个拥有高情商、高智商的职场精英穿着邋遢、服装搭配随意，是不是会给同事和客户留下不好的印象？因此，我们还需要拥有“美商”，所谓“美商”。就是在审美上有良好的见解，能够找到适合自己的穿衣风格。集齐“智商”“情商”“美商”，能够让我们从内到外变得更加优秀。

在寻找个人穿衣风格的时候，很多人往往很迷茫，为什么同一件衣服穿在别人身上很漂亮，穿在自己身上却没有那种风范？这是因为每个人的身材比例、高矮胖瘦、个人气质不一样。每个人的身材都有不同的特点，作为普通人，想让自己看起来身材比例好、穿出风度，就需要了解自己的身材特点，懂得扬长避短。

一、身材分类

（一）女士身材分类

1. X形身材

X形身材（图1-26）是非常完美的一种身材，腰细，胸部丰满，大腿圆润。这种完美身材的人穿什么都好看，因此可选择的穿着搭配有很多，平时只要注意自身的衣品即可。

2. V形身材

V形身材（图1-27）是典型的倒三角体型，肩部肉较多，腰部偏细，臀部较扁平。因此，V形身材的人只要将上身的身材模糊化，突显下身，就会有很好的穿着效果。V形身材的人要做的是减少肩部的装饰，增加臀部的装饰。

3. H形身材

H形身材（图1-28）就是人们平时所说的平板身材，肩膀、腰部、臀部等较为匀称，是亚洲女士普遍的身材。对这种身材的缺点有两种解决方法：一是较为丰满的H形身材的人可以尝试简洁利落的穿着款式，把自身的缺点隐藏起来；二是较为纤瘦的H形身材的人可以提高衣服的腰线，多穿高腰款的服装。

4. A形身材

A形身材（图1-29）也被称为梨形身材，特点是身体上小下大，胸部较小，肩部较窄，腰部较细，臀部、大腿略丰腴。因此，A形身材的人要选择把肩部加宽的服装款式，如有垫肩的衣服，要减少对臀部的装饰或者不装饰臀部，选择可以强调腰线的服装。大腿较粗的A形身材的女士，夏装可以选择伞状衣服、A字裙和阔腿裤。

5. O形身材

O形身材也被称为苹果形身材，特点是整个躯干都很粗壮，完全没有腰线。

很多微胖的女士觉得胖就把自己包裹起来，其实适当地露出身体较瘦的部分，可以从视觉上显瘦，如露出锁骨、手腕、脚踝（图 1-30）。

图 1-26　X 形身材　图 1-27　V 形身材　图 1-28　H 形身材　图 1-29　A 形身材　图 1-30　O 形身材

在选择女士休闲正装时，年轻的女士可以选择各种颜色的衬衣搭配半裙；不喜欢穿裙子的女士可以选择阔腿裤来搭配衬衣；根据季节变化，女士也可以选择干练的风衣，让自己成为靓丽时尚的职场人（图 1-31）。

图 1-31　女士休闲正装的选择

（二）男士身材分类

1. 倒三角形身材

倒三角形身材（图 1-32）多出现在身强体壮、经常运动和锻炼的人身上。这类人由于经常锻炼，胸肌通常很发达，腰部纤细，臀部紧缩，具有很多男士向往的好身材。男士的倒三角形身材跟女士的 X 形身材一样，是比较完美的身材，因此这类人在穿衣搭配上只要不乱穿就不会出大错。

2. 菱形身材

菱形身材（图 1-33）相对于倒三角形身材来说，没有倒三角形身材那么强壮，但也属于较好的身材，特点是肩膀较宽。菱形身材的人可以穿收腰的衣服，如西装、大衣等。

图 1-32　倒三角形身材

图 1-33　菱形身材

3. H 形身材

男士的 H 形身材（图 1-34）跟女士的 H 形身材差不多，也是亚洲男士最普遍的身材，特点是肩部同腰部、臀部的宽度相当，上下呈直线性。为了打破这种上下一致的身材比例，H 形身材的人应该巧妙利用衣服来扩大肩部的宽度，但是要避免过多的设计，如双排扣的风衣对 H 形身材的人来说就不那么友好。

4. 梨形身材

男士的梨形身材跟女士的梨形身材有点区别，大多数男士的梨形身材都属于三角形身材（图 1-35），因为男士的腿普遍比女士的粗。三角形身材的特点是上细下粗，肩部狭窄，腹部及臀部肉较多，腿显得粗大，具有这种体型的人多为年纪稍大者或暴饮暴食者，经常暴饮暴食或喝酒会导致腹部脂肪堆积，也就是人们常说的啤酒肚。

梨形身材的人应穿肩部有垫肩和具有设计感的上衣，如夹克衫就是很不错的选择，它可以遮盖肚子上的赘肉。梨形身材的人应避免穿紧身的衣服，避免暴露自己身材的缺点。

5. 番茄形身材

男士番茄形身材身体部分非常圆润，相对于其他身材，服装的选择面较窄一些。可以选择偏硬挺材质的衣服，如西装、夹克，或者中长的外套遮住较为圆润的肚子。如果想修饰脸型，内搭可以选择 V 领，外搭可以选择宽领。裤装首选深色，鞋子和裤装统一能够拉高身形，从视觉上有增高显瘦的效果。

在男士休闲正装（图 1-36）中，西装的休闲搭配可以针对任何身材，因为正装的材质硬挺，能够修饰身材的缺陷，所以是最显瘦的穿着。西装除了搭配衬衣，还可以搭配 T 恤、毛衣等，这可以让正装看起来更加时尚。风衣也是男士休闲正装中很好的选择，可以使人显高，也能使人显瘦，在正式场合中让人不失风度。

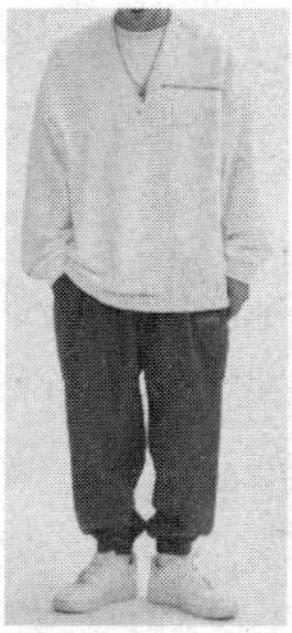

图 1-34　H 形身材

图 1-35　梨形身材

图 1-36　男士休闲正装

二、巧用饰品搭配

随着生活水平和人的创造力的不断发展，饰品开始从遮体向修饰方向转化，衍生出了以修饰为主的各种装饰。饰品是用来装饰和佩戴的，有些饰品可以起到芳香、清洁、美化等作用，好的饰品可以让佩戴者感觉焕然一新、心旷神怡。随着社会经济、文化的飞跃发展，人们从温饱型社会步入小康型社会，更加崇尚人性和时尚，不断塑造个性和提升个人魅力。

如今无论是男士还是女士，都追求个性和时尚，因此饰品的搭配不分男女，只是在款式的挑选上，可以突出性别和个性。下面介绍最常见的饰品搭配。

（一）耳饰

一个适当的耳饰不仅可以提升个人的时尚度，还可以对不同脸形进行修饰。可以根据自己的脸形选择不同形状和类型的耳饰。

饰品的选择

1. 圆形脸形

圆形脸形的人适合使用三角形、水滴形耳饰。圆形脸形的人需要用其他服饰或者配饰来营造一种脸部显长的效果。吊坠耳饰是圆形脸形的女士的第一选择，因为吊坠耳饰会起到拉长脸形的效果（图 1-37）。

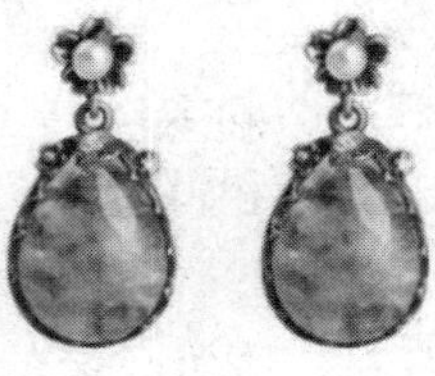

图 1-37　吊坠耳饰

2. 方形脸形

方形脸形的人适合使用花形、心形、椭圆形的耳饰。对于棱角分明的方形脸形的人来说，选择有弧度的耳饰（图 1-38）比较适合，这会和方形脸形坚硬的轮廓线相中和。方形脸形的女士不要挑选星星或者圆形的耳饰，这样会夸大脸形，让脸部轮廓看起来过于男性化。

3. 长方形脸形

长方形脸形的人应选择密贴耳朵的圆形耳饰（图1-39），应避免使用细长形、长柱形、长椭圆形等类型的耳环，因为它们会让长方形脸看起来更长。

4. 瓜子形脸形

瓜子形脸形的人适合下端宽、上端窄的耳饰（图 1-40），要避免使用菱形、心形、倒三角形、惊叹号形的耳饰，否则会让下巴显得更尖，使人略显刻薄。

图 1-38　有弧度的耳饰

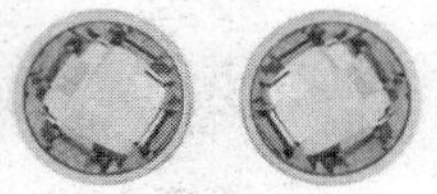

图 1-39　圆形耳饰

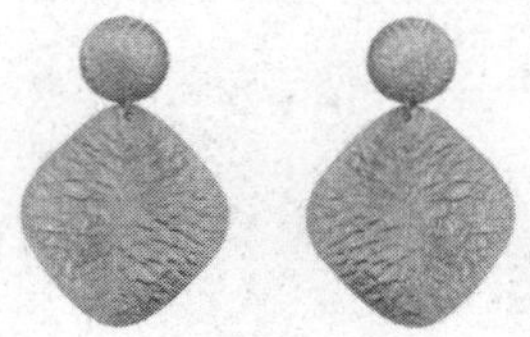

图 1-40　瓜子形脸形适合的耳饰

5. 鹅蛋形脸形

鹅蛋形脸形的人无论佩戴什么样的耳饰，效果都很不错，特别适合如水滴形、葫芦形、圆形等形状的耳饰（图 1-41）。

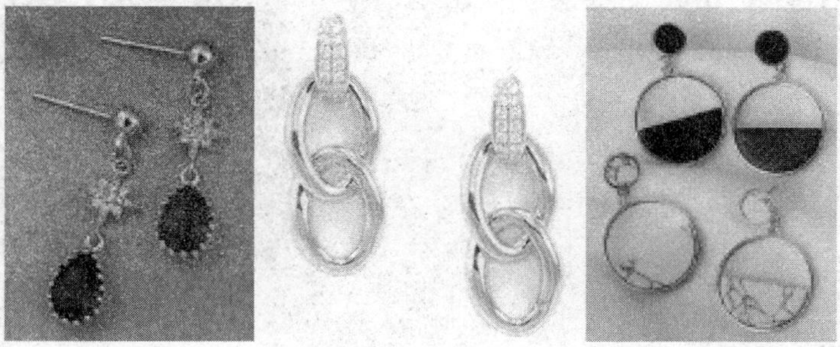

图 1-41　鹅蛋形脸形适合的耳饰

（二）戒指

1. 女士戴戒指的意义

（1）女士左手 5 个手指戴戒指的意义

1）拇指：代表权势和自信。

2）食指：目前是单身，渴望恋爱。

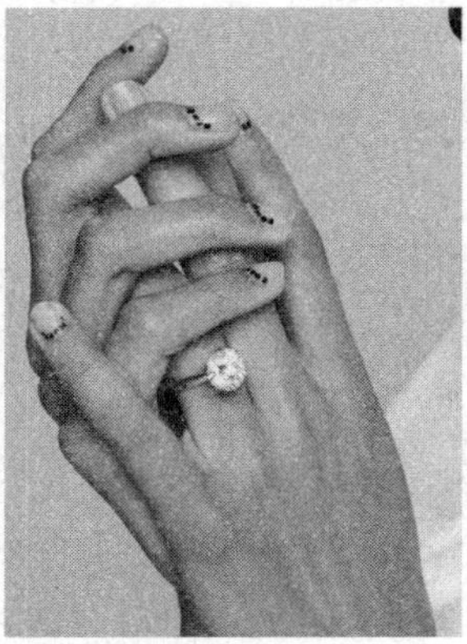

图 1-42　女士左手无名指戴戒指

3）中指：已经订婚，已经名花有主。

4）无名指：一般是婚戒，表示该女士已婚。当然也有一些人认为无名指是所有手指中更好看的，因此喜欢将戒指戴在无名指上（图 1-42）。

5）小指：不婚主义者，目前单身状态。

（2）女士右手 5 个手指戴戒指的意义

1）拇指：代表权势和自信，少有人这样戴。

2）食指：表示单身。

3）中指：中国有的地方流行男左女右，女士右手中指戴戒指表示名花有主，或者已经在恋爱中，但处于未婚状态。

4）无名指：有可能表示已经结婚，也有可能没有任何意义。

5）小指：单身、不婚主义者。

2. 男士戴戒指的意义

（1）男士左手 5 个手指戴戒指的意义

1）拇指：代表权势和自信。

2）食指：目前是单身，渴望恋爱（图 1-43）。

3）中指：许多男士喜欢将婚戒戴在左手中指上。

4）无名指：婚戒。

5）小指：独身主义。很少有男士将戒指戴在小指上。

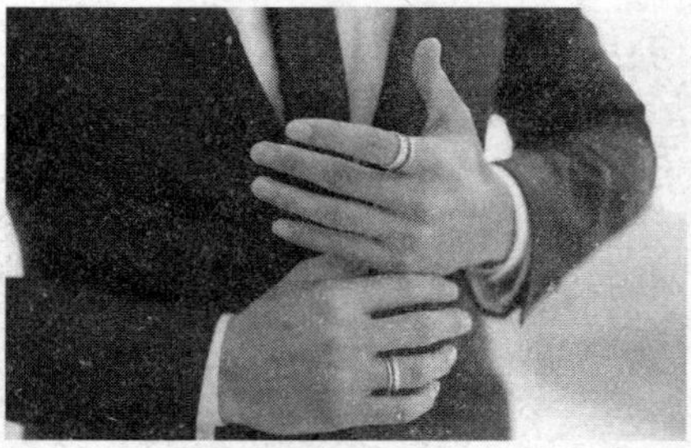

图 1-43　男士左手食指戴戒指

（2）男士右手 5 个手指戴戒指的意义

1）拇指：代表权势和自信。现在很少有人在右手拇指上戴戒指。

2）食指：目前是单身，追求自我。

3）中指：婚戒或装饰。

4）无名指：婚戒或装饰。

5）小指：不婚主义者，不想谈恋爱或离异。

（三）胸针

胸针又叫胸花、别针，是一种佩戴在胸前或领子上的饰品。男士在正式场合佩戴胸针会显得更庄重。男士的胸针佩戴方式一贯是严格的（图 1-44），穿戴胸针领的衣服时要将胸针佩戴在左侧；发型偏左时应将胸针佩戴在右侧，反之则佩戴在左侧；胸针的上下位置应该在第一纽扣及第二纽扣之间的平行位置上。女士则可以随心所欲地创造属于自己的佩戴胸针的方式（图 1-45），女士最传统的扣法是将胸针扣在外套的翻领上，也可以别在左侧胸襟或者靠近肩膀的位置。在穿正装时，可以选择大一些、材料好一些的胸针，色彩要纯正。穿衬衫或薄羊毛衫时，女士可以佩戴款式新颖别致、小巧玲珑的胸针。

图 1-44　男士胸针佩戴方式

图 1-45　女士胸针佩戴方式

（四）项链

项链也是常戴的饰品之一，如今项链的款式非常多，我们可以根据自己的气质和服装搭配来选择项链的类型（图 1-46）。脖子较短较粗的女士应避免选择短项链，否则会让脖子显得更短。无论选择哪种类型的项链，都不要太多，记住简约更时尚。

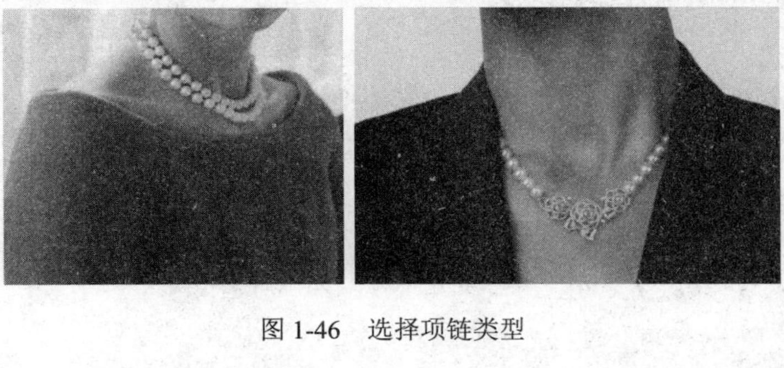

图 1-46　选择项链类型

所有饰品的搭配都是为了给我们的时尚度加分，搭配时可遵循几个原则：以少为佳、同色同质、注意搭配。饰品太多会显得累赘，因此在日常生活中，我们不应同时佩戴耳饰和项链，而在隆重的场合则可以同时佩戴；根据当天的服饰进行适当的搭配，统一整体饰品的颜色和质地，这样不会显得杂乱；适当的饰品点缀会起到画龙点睛的效果。

任务实施

学生分组运用相关知识进行讨论；教师设定场景，让学生结合相关着装风格、脸形、运用场景搭配适合的饰品；各小组派代表进行小组任务总结汇报；教师统一点评各组任务实施情况，并强调需要注意的问题。

※ 注意事项

1）对于职场妆容，要学会做减法，要给人自然大方的妆感。我们要结合自己的五官特点，扬长避短，放大自己的优点，在整体妆容中突出 1～2 个重点。例如，要突出眉眼妆容，就要选择更淡雅一点的口红的妆容；要突出唇部妆容，眼妆就不要太浓重，这样呈现出来的妆容才会显得更自然高级。

2）想要职业装的穿搭显得更加高级，可以选择饱和度低的颜色，如莫兰迪色系；也可以选择更加显质感的面料，如丝绸、羊毛等。

3）男士的职场形象更重要的是干净整洁，如果想学习进阶的穿搭技巧，则男士们可以大胆地尝试配饰的搭配，或者通过叠穿来增加层次感。

思考与练习

1）学习仪表礼仪知识应注意哪些重点内容？

2）简述职场穿着的要点。

3）男士适合的配饰有哪些？

学习评价

项目一学习评价表如表 1-1 所示。

表 1-1　项目一学习评价表

<table>
<tr><td rowspan="2">项目</td><td rowspan="2">评价内容</td><td rowspan="2">配分</td><td colspan="4">组员姓名</td></tr>
<tr><td></td><td></td><td></td><td></td></tr>
<tr><td rowspan="3">关键能力考核项目</td><td>遵守纪律，遵守学习场所管理规定，服从安排</td><td>10</td><td></td><td></td><td></td><td></td></tr>
<tr><td>学习态度积极主动，能自主参加学习活动</td><td>20</td><td></td><td></td><td></td><td></td></tr>
<tr><td>有团队合作意识，注重沟通，能自主学习及相互协作</td><td>20</td><td></td><td></td><td></td><td></td></tr>
<tr><td rowspan="3">专业能力考核项目</td><td>掌握基础的护肤流程</td><td>15</td><td></td><td></td><td></td><td></td></tr>
<tr><td>了解自己的身材类型，掌握基础的服饰搭配</td><td>10</td><td></td><td></td><td></td><td></td></tr>
<tr><td>具备职业装基础搭配的能力</td><td>25</td><td></td><td></td><td></td><td></td></tr>
<tr><td>小组评语及建议</td><td></td><td></td><td colspan="4">组长签名：
年　月　日</td></tr>
<tr><td>教师评语及建议</td><td></td><td></td><td colspan="4">教师签名：
年　月　日</td></tr>
</table>

项目二 面试礼仪

引言

面试礼仪是每个人在求职过程中所表现出的由里到外的一种涵养。求职者在面试中表现出的礼仪水平，不仅反映了求职者的人品和修养，还直接影响面试官的最终决定。正所谓“礼多人不怪”，礼仪是个人道德的一种外在表现形式。在面试中，仪表出众、懂得礼仪的求职者有更多的成功机会。

※ 知识目标

1）了解求职面试的基本礼仪。

2）掌握求职面试中的仪容、仪表、举止、谈话、资料准备和面试等具体礼仪常识。

※ 能力目标

1）掌握求职过程中的各种技巧。

2）培养遇事不惊、稳中有细的基本素养。

3）在毕业求职过程中能将理论知识转化为实践能力，细心准备求职资料，精心打理仪容仪表，专心运用面试礼仪。

4）利用面试礼仪为自己求职增加筹码，以便更快找到理想的工作。

※ 素质目标

1）树立学生正确的职业认知和端正的职业态度。

2）培养学生符合新时代的职场装扮审美观。

3）激发学生职业志趣、职业自信和职业信仰。

面试前的准备

任务一 面试前的准备

如果把面试比作上战场，那么我们不仅需要提前准备“枪支弹药”，还需要提前做好心理建设，以免战前怯场。俗话说：“不打无准备之仗”。为避免陷入被动境地，要做好面试前的准备，不要以为没见面就不算面试，不要以为见面后才应该有礼仪。我们所积累的知识和展示出的道德修养、礼仪水平，都会在面试中显现出来。

一、心态准备

求职应聘首先要有充分的心理准备。良好的心态、准确的定位有助于增加求职成功的概率。那么如何做好心态准备呢？可以从以下几点进行心理调整。

1）客观认识自己。我们要审视自己所具备的条件，包括自己的身份、能力、所处的位置、想成为一个什么样的人。其中最为重要的是对自己能力的评价，如语言表达能力、文字叙述能力、时间规划能力、沟通交流能力、独立思考和解决问题的能力等，这些都是求职者应该具备的基础能力。应结合自己的职业意向寻找可以胜任的工作，寻找适合自己的工作岗位。

2）认识就业环境。当下，我国社会文化经济发展稳定，为大学生毕业后快速就业创造了良好的宏观环境，但庞大的待就业人口数量仍然给社会就业带来较大压力。工作好找，但好工作不好找。应届毕业大学生有天然的优势，但对各行各业的了解不多，因此大学生需要深入意向行业的微观环境中，了解行业对人才的需求，了解不同岗位对从业人员能力的要求。大学生要做好长期奋战的准备，要有可能失败的心理准备，也许前10次的求职都失败了，但第11次成功了。

3）降低薪资待遇期望值。工作好找，但好工作不好找，什么是好工作？有的求职者认为，所谓的好工作就是身心轻松、工资较高的工作，甚至认为这样的工作不需要什么能力，这种看法是非常不现实的。刚步入社会的求职者没有丰富的工作经验，更应该着力于自己的专业或特长，寻找能力所及且适合自己的工作岗位。刚步入社会的求职者可选择一份准入门槛不高、相对稳定且极具发展潜力，又有利于积累工作实战经验的工作。同时，大学生不要对薪资待遇期望过高，随着自我能力提高、社会阅历增长，薪资待遇也会自然提高，这是一个必经的过程。

二、背景了解

面试前的备战工作格外重要，不求“知己知彼，百战不殆”，但求充分地“武装”自己，把机会留给有准备的自己。这就要求求职者对应聘的行业、企业、岗位有一定的了解和认识。

例如，登录应聘企业网站，了解应聘企业的背景、发展史、产品及其特性、生产规模等基本情况；在网上搜索、了解该行业的发展现状；了解同行业其他企业同岗位的招聘要求等。如果有朋友在该企业工作，则还可以争取了解面试官的个性特点，以便到时能“投其所好”。求职者应提前去一趟应聘企业，一是计算路程和时间，防止面试当天迟到；二是可以熟悉面试环境，从张贴的标语和口号中了解企业文化。

三、物品准备

在面试前要提前准备好所需要的物品，首先是身份证、学生证等证明身份的证件；其次是学历证书、荣誉证书、学校推荐表、求职简历等证明成绩的资料；再次是面试当天可能用到的物品，如黑色签字笔、笔记本，以及手机、手表、公交卡等出行物品；最后是面巾纸、镜子、梳子、唇膏等用于个人装扮的小物件。

四、个人整理

1）服装准备。打算找工作时，应该有1～2套用于参加面试的服装。在投出简历的时候，我们就应该想到也许面试的通知明天就到。在面试时，应穿着合体的正装。

2）规律作息。在面试前，我们要调节生物钟，早睡早起，一是防止黑眼圈等倦容出现，二是让头脑思维更清晰，以应对面试中面试官发起的“袭击”。

3）健康饮食。在面试前两天，要保持饮食清淡，避免胃肠疾病的发生。在面试前一天，应该吃一些口味较轻的食物，不吃大蒜、大葱等有强烈异味的食物；少抽烟，避免满口烟味。在必要时，可以咀嚼口香糖或刷牙、漱口去除口腔异味。

4）掌握时间。在面试前一天，一定要调好闹钟，必要时可以设置2～3个闹钟点，分别提醒起床、整理和出门，以保持面试当天不会迟到。一般应比约定时间提早10～15分钟到达面试地点，这样既可以留出弹性时间，又可以留出时间调整心态、平定情绪，从容应对面试。

任务实施

学生分组搜集3～5个面试前需要克服的困难或需要解决的问题，运用相关知识进行角色扮演情景展示，组与组之间可以相互提问并作答；各小组派代表进行任务总结汇报，并对其他组的工作进行点评；教师统一点评各组任务实施情况，并强调需要注意的问题。

任务二　面试中的仪容仪表

在面试官面前，求职者的形象重要吗？当然重要，但这并不代表我们要装扮得潇洒帅气或美丽动人。给面试官留下的好印象应该是一个朴实无华、清爽干练的职业形象。

一、面试中的仪容

仪容不仅体现了一个人的精神面貌，还体现了求职者对招聘单位的重视和对面试官的尊重，是求职面试中不可小觑的细节。端庄整洁、大方得体的仪容，可以给面试官留下良好的印象。

（一）发型

1）在面试前，首先要保持头发的干净清洁，特别是油性发质的人，一定要在面试前一天晚上清洗头发，保持头发的蓬松和飘逸，不染发不烫发，避免过于前卫和另类的发型。

2）很多人认为头发只要清洗干净就可以了，却忽略了对发型的设计。发型是整个仪容的点睛之笔。因此，发型不仅要与个人的气质、脸形、身材相协调，还要适合当时的着装。

3）面试对发型的总体要求是清洁自然，但是对男女的要求不同。男士的发型以短发为主，应做到前不覆额、侧不遮耳、后不及领，涂抹定型膏不宜过多；女士的头发应长短皆宜，切忌刘海儿遮住眼睛和脸庞。同时，发型还要与所申请的职位相适应，要考虑面试岗位的特殊要求。例如，秘书的发型应该端庄、文雅，又不失柔美；营销人员的发型则要干练、精神，体现职业白领的气质；与机器接触的工作岗位则要求工作人员短发或盘发，避免头发被绞进机器造成危险。

（二）面容

1）仪容整洁，保持面部的清洁，特别是要保持眼角、耳后、鼻孔、脖子等易被忽略的地方的清洁。所谓面部清洁，主要是指用洗面奶等基本护肤品将皮肤清洗干净。例如，男生大多为油性肤质，在清洗面部时，可根据自己的肤质，选择适合自己的、清洁能力强的护肤产品，彻底洗去多余的污垢、油脂。

2）仪容端庄，可以通过对面部妆容的修饰来弱化一些面部的瑕疵。尤其是脸上有青春痘的人，可以适当化些淡妆，用遮瑕膏等化妆工具遮掉瑕疵。大多数女士都会用化妆品对自己的面部进行修饰，但妆容要做到素丽淡雅，忌浓妆艳抹；男士则需要适当修面，避免胡子拉碴、邋里邋遢。

3）仪容清新，不吃有刺激性异味的食物，饭后要及时漱口，保持口气清新和牙齿洁白；不涂抹、喷洒气味较浓的香膏和香水，保持清新自然。

（三）肢体

1）要保持手清洁，不可有脏污，不能满手汗渍，避免与人握手时带来尴尬。

2）保持指甲整洁美观，要保持指甲缝清洁，不要留长指甲，更不要涂跟肤色有明显反差的指甲油。

3）保持手臂洁净清爽，不可文有图案。若女士手臂汗毛较浓密，则可以适当清理剔除，会更显白净。

4）保证鞋袜勤洗勤换，一定要保持脚部清洁，尤其不要有异味散发出来。同时，不要在面试时光脚穿鞋，也不可光着腿。

二、面试中的仪表

仪表是指个人的外表，面试中的仪表礼仪主要体现在服饰穿着、配饰穿搭方面。一位人力资源部经理曾说，你不可能仅仅因打了一条领带而获取某个职位，但你可能因戴错了领带而失去一个职位。由此可见，得体的仪表对面试的成功有着不容小觑的作用。

总体来说，大学生求职不一定非要选择过分奢华、昂贵、时髦的服饰，保持学生本身的纯真自然才是制胜之道，蓬勃的朝气、清新的气质是大学生最吸引面试官的优势。但是自然不等于随意，过于随性的服装并不适合面试时穿着。

面试着装以正装为主，对正装的选择主要考虑以下几点：一是款式要简单，二是颜色要清爽，三是穿着要整齐，四是鞋袜搭配要准确，五是要与时间和场合相适应。

（一）男性求职者着装

1）男性求职者可以选择款式简单、颜色清爽的西装套装（图 2-1），且一定要和衬衫、皮鞋相搭配，切忌西装套装搭配 T 恤和脚穿运动鞋，这样会显得过分随意甚至懒散，会给人不重视面试单位之感。

图 2-1　男性求职者着西装

2）男性求职者应选择以藏青色、深灰色或者黑色等深色系为主的西装，这样显得庄重沉稳。着正装一定要坚持“三色原则”，即全身整体颜色不能超过 3 种，包括衬衫、西服、领带、皮带、西裤、皮鞋，这是正装规范严肃性的体现。若超过 3 种颜色，则给人以繁杂、低俗之感。

3）着西装时，要穿深色的袜子、黑色的皮鞋（图 2-2）；裤长以不露袜子，到鞋跟处为准；同时，皮带要和西装相配，一般选用黑色。对于皮带和皮鞋，要注意遵守正装穿着中的“三一定律”，即鞋子、皮带、公文包应为同一颜色，使相关部位的着装相呼应，产生适宜的美感。

4）着西装时，要穿好内搭的衬衣。衬衣必须是长袖，且以白色、浅蓝色为主；衬衣领子大小要合适，穿着整理时要高出西装领子 1～1.5 厘米，领口要扣上，不可翻在西装外；衬衣衣袖要长于西装衣袖 0.5～1 厘米，以显示衣着的层次；衬衣下摆要掖进裤腰，不能露在外面；衬衣以单薄为宜，衬衣内不宜再穿其他衣物，以免显得臃肿（图 2-3）。

图 2-2　男性求职者下身着装

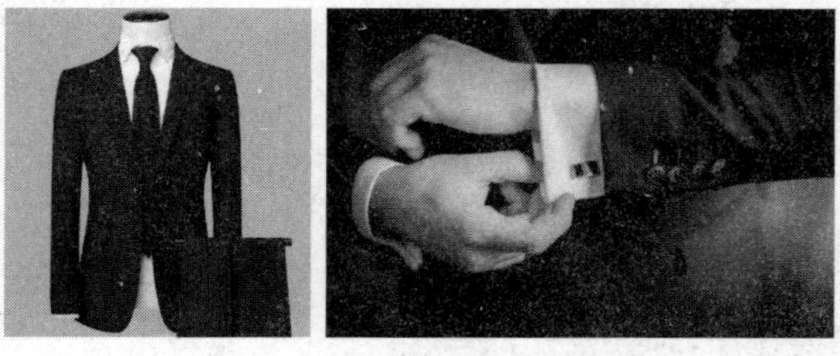

图 2-3　男性求职者穿着衬衣

5）着西装时，脖领间的 V 字区最为显眼，因此戴领带是必不可少的。领带结大小要适中、饱满；可以选用丝质的领带，也可以根据自己的爱好选择颜色图案，但应选择单色的；领带在胸前的长度以达到皮带扣为宜，如果要用领带夹，则应夹在衬衫第三粒和第四粒扣子中间的位置，不能外露。在这里，我们介绍两种常用的领带系法。

马夫结（simple knot）（图 2-4）：流行于 18 世纪末的美国，适用于质地较厚的领带，适合标准式及扣式领口衬衫。马夫结的系法是先将领带宽端以 180° 由上往下扭转，再将折叠处隐藏于后方，打结后拉紧成形，最后调整领带的长度。这种系法较为简单，同时领结的 V 形也较为紧凑，非常适合初入职场的男士。

温莎结（windsor knot）（图 2-5）：因温莎公爵而得名的领带结系法，是最正统的领带系法，这种方法打出的结呈正三角形，饱满有力，适合搭配宽领衬衫，用于出席正式场合。打一个完整的温莎结，需要 11 个步骤才能打完，切勿使用面料过厚的领带来打温莎结。

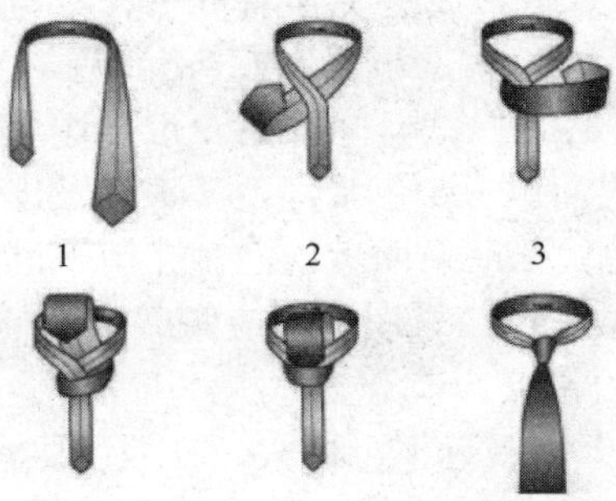

图 2-4 马夫结

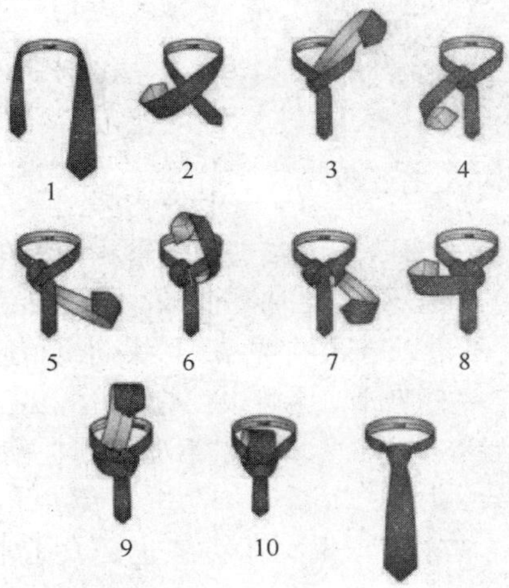

图 2-5 温莎结

6）着西装时，对西装扣子的扣法是很讲究的。例如，对于双排扣的西装，要把纽扣全部系上，以示庄重；对于一粒扣的西装，可以扣纽扣也可以不扣纽扣；穿着单排两粒扣的西装时，只扣上面一粒纽扣即可；穿着三粒扣的西装时，扣中间一粒或上两粒纽扣；穿着现代改良的四粒扣的西装时，则扣上三粒纽扣。就座时，可以将西装纽扣由下往上全部解开，系扣则由上往下。西装袖口的纽扣应全部扣上。

图 2-6 中山装

7）男性的正装除了常见的西装，还有中山装（图 2-6）。一些行业选择中山装作为制服，中山装穿着简便、舒适、挺括。中山装与普通西装相比最明显的区别在于立式翻领的设计，这种设计也叫“中华立领”；除此之外，中山装前门襟有五粒纽扣，袖口有三粒纽扣，背部有开衩。中山装曾一度被世界公认为中国的“国服”。在求职面试时，男性求职试者可以根据具体情况进行选择，若着中山装，则一定要将前门襟纽扣全部扣上，以示郑重其事；在就座后，可解开前门襟最下面的一粒或两粒纽扣，以防衣服“扭曲”走样。

（二）女性求职者着装

1）女性求职者可以选择样式简洁的套装、套裙（图 2-7）作为正装，穿着套裙相对通用稳妥，能更好地调节身材比例，同时能体现出女性特有的柔美。但套裙不宜太长，否则会显得不利落；也不宜穿得太短，否则给人以不踏实、不庄重的感觉。

图 2-7　女性求职者正装

2）对于正装的颜色，女性求职者可有多种选择，以深色系套装最为稳妥；与正装搭配的皮鞋要以黑色为主，后跟不宜太高，无须过多装饰。着裙装时，应搭配与肤色相近的丝袜，要随时检查丝袜是否有脱线和破损，可带一双丝袜备用。

3）女士着正装时，多以翻领衬衣或小立领衬衣为内搭，不能使内搭过紧，不要让领口过低，要避免穿着低胸、紧身或过分时髦、暴露的服装，否则会让人感到不庄重、不雅观。

4）女士着正装时，要减少不必要的装饰，即使必须佩戴一些饰品，也要避免佩戴炫目、昂贵、夸张的饰品。女性求职者可以佩戴款式简单、颜色素净，又不会发出声响的配饰，如胸针。这可以给单调的正装添上一抹亮色，帮助求职者给面试官留下深刻印象。当然，如果求职者拿不准如何搭配，则可不佩戴配饰。求职者不应佩戴金银首饰，如戒指、手镯、项链等饰品，避免给人浮躁、肤浅的印象。

5）在着正装时，手提包也是女士常用的配饰，但手提包不可过大，且颜色要素净、不可花哨，以使人显得干练。

总之，面试是正式场合，女性求职者一般应穿着较为正式的服装，且要大方、合体，不一定要穿新的衣服，但要保持穿着干净、平整。

除此之外，在一些特殊行业的招聘面试中，男女求职者应根据行业特点来选择着装。求职者要注意运用“TPO 原则”，TPO 是 3 个英语单词的缩写，分别代表时间（time）、地点（place）和场合（occasion），强调着装要符合时间、地点和场合。不同情况有不同的着装特点，求职者在选择服装时要注意符合这些特点。例如，到艺术设计单位求职时，求职者需要在着装上有出“彩”之处，显示出自身的艺术认知和品位。

任务实施

学生分组运用相关知识，至少对组内各一名男女生进行职场形象打造和展示；各小组派代表进行任务总结汇报，并对其他组的工作进行点评；教师统一点评各组任务实施情况，并强调需要注意的问题。

任务三　面试的举止

在面试中，求职者给面试官的第一印象十分重要。如果穿着是我们的外在，那么言谈举止就是我们的内在，内外修养的统一，有助于我们给面试官留下良好的第一印象，如文明的谈吐、优雅的举止，都能使面试官产生好感，让我们在有限的面试时间里把握更多的机会。

一、语言得体

语言得体是指用恰当的言辞和口吻进行表达，也就是说话得体、恰如其分。在面试时，求职者应利用适合的语气措辞和语调声态呈现出从容和自信的状态。具体有以下几个方面

1）善用礼貌用语。到面试地点后，求职者会接触到组织面试的接待人员、共同参与面试的求职者、考核评分的面试官，在询问面试流程的时候，在填写面试登录表遇到疑问的时候，在进行面试的过程中，都需要开口交流。善用礼貌用语、彬彬有礼地与他人交流，能展现求职者自身的文化修养，给招聘单位留下好印象。例如，在使动句前加上“请”字，在对方答疑之后回应一句“谢谢”，在面试进入下一阶段时用“回答完毕，谢谢您”来结束自己的陈述。

2）耐心答复。在面试中，求职者对面试官提出的问题要逐一回答，回答时口齿要清晰，声音要适度，话语要简练、完整，不要用简称、方言、土语和口头语，以免对方听不懂。求职者对重复的问题也要有耐心，不要表现出不耐烦。如果面试官主动介绍情况，则不要打断面试官，要认真聆听，避免给人留下急躁、鲁莽的不良印象；可以在适当的时候点头或答话，表现出认真和上心的态度。除此之外，求职者还要把握双方的发言比例，切忌把面谈当作一方的“独角戏”。

3）诚实坦率。在面试中，如果遇到不会或不懂的问题，则应坦诚相告，切忌含糊其辞或胡吹乱侃，否则会让自己显得不真诚、不踏实。

交际大师戴尔·卡耐基（Dale Carnegie）年轻时曾到一家公司谋求推销员的工作。总经理给他出了一道试题：“假如我让你把一台打印机推销给本地的农场主，你能做到吗？”“对不起，先生。我没办法做到，因为农场主不需要它，我的一切努力将是徒劳。”卡耐基不假思索地回答。“恭喜你，小伙子，从今天开始你就是我们公司的推销员了。”卡耐基因说了实话而获得了宝贵的工作机会。他的成功之处就在于不同于其他的求职者，求职者一般会千方百计地去干一件不可能的事情，而他大胆地说出自己真实的想法。卡耐基的成功告诉我们，有时候头脑中真实的想法就是获得成功的法宝。

4）礼貌告别。在面试时，求职者要特别注意面试官结束面谈的暗示，适时礼貌告辞。即使面试失败，求职者也要面带微笑地向面试官致谢。在面试结束时，求职者应一边徐徐起立，一边以眼神正视对方，借机做最后的表述，以突显自己的满腔热忱并打好招呼。例如，先表示“谢谢您给我这次面试的机会，如果能有幸进入贵单位，我必定全力以赴”，然后欠身行礼，说声“再见”，慢步退出并轻轻把门关上。需要注意的是，告别话语要真诚、发自内心，给面试官“留有余地”，产生“回味”。

二、举止有礼

一个人的举止可直接表明他的态度。在面试时，求职者应做到彬彬有礼、落落大方，遵守常规的进退礼节，避免各种不礼貌、不文明行为。具体说来，要做到以下几个方面。

1）在进办公室或面试场之前先轻轻敲门，然后站在门口等候。敲门的时间不要过长，室内无人或未经主人允许不要擅自进入。当看见办公室人员或面试官时，应该点头微笑示意，同时用积极的态度和温和的语气与其谈话，在倾听时要认真，用眼睛看着对方，不卑不亢，举止得体。

2）进入办公室或面试场，无论是站着面试还是坐着面试，求职者都要尽可能地避免捂嘴、歪脖、掏耳朵之类的小动作，站要直，坐要正，胸要挺，手脚放位要规范。求职者尤其要注意入座后两腿不要任意伸直，切忌跷二郎腿或不停抖动，两臂不能交叉在胸前，更不能把手放在邻座椅背上，不要给人轻浮傲慢、有失庄重的感觉。

3）求职者应始终面带微笑、谦虚和气、有问必答，切忌板起面孔、爱答不理、以眼瞟人。尤其是在对方有意轻慢、提问刁钻的时候，要特别小心，做到真诚、从容、自然、放松，不可无缘无故皱眉头，否则会令人产生反感。

4）眼睛是心灵的窗户，求职者要做到眼中有神，眼神的落点尤为重要。在面试过程中，求职者应把目光集中于面试官的额头，且保持眼神平和自然，以表现出对别人的善意和尊重。经验证明，魂不守舍、目光不定的人会让人感到不诚实；眼睛下垂的人则给人以缺乏自信的印象；如果求职者眼睛直盯着面试官的眼睛，则容易被误解成具有挑衅意味，给人以桀骜不驯的感觉；东张西望的人会显得太过随意、三心二意；左右扫视、上下打量的人，则显得散漫无礼。

5）细心观察。参加面试时，求职者要放亮眼睛，观察环境，见机行事，寻找周围环境中可以做也应当做的事情。即使是一件不起眼的小事，只要有利于彼此情感的交流和气氛的和谐，也会成为面试成功的契机。例如，捡起过道里的一团废纸扔进垃圾桶，摆整齐候试人员坐的椅子等。

总之，在面试时，求职者的举止要自然、大方、文明、优雅、周到。

任务实施

学生分组运用相关知识进行角色扮演情景展示，以模拟职场面试情景为主，包括氛围布置；职场面试后，各小组派代表进行任务总结汇报，并对其他组的工作进行点评；教师统一点评各组任务实施情况，并强调需要注意的问题。

任务四　求职资料的书写

求职资料的书写

求职资料有求职信和求职简历两种形式，二者均是求职者求职过程中使用的文字材料。求职者使用二者的目的相同，都是为了向用人单位介绍推荐自己，从而达到获得某项工作或职位的目的。但二者在形式和内容上存在较大区别。求职信是书信的一种，其表现形式遵循书信的基本格式规范，如前有称谓后有落款、前有问候语后有祝颂语等。求职简历则是求职者对自己履历（包括学习、生活、工作或实践等经历）的简单介绍，它一般是以表格的形式分成几个栏目来呈现的。

求职信和求职简历既有区别又有联系，因此在实践运用时，二者既可以独立使用，也可以合二为一，相互补充，搭配使用。例如，求职者参加招聘会多使用求职简历，而通过关系介绍推荐则多使用求职信。但无论采用哪种形式，都应该遵守一定的书写格式和规范要求，以表现对招聘单位的重视。

一、撰写求职信

求职信也叫自荐信，通过求职者对自己的描述起到自我推销的作用。在撰写求职信的时候，求职者要注意书写的规范、用词的谦恭，并做到情真意切、言简意赅。

（一）求职信的内容

一封标准的求职信要符合信件的书写格式，有标题和称谓，在开头部分有问候语、求职者从何处获得招聘单位的用人信息、求职者具备的条件、打算谋求或应聘的工作岗位等内容。求职信的中间主体部分则是向用人单位做自我介绍，应包括个人基本情况、学业情况（即所学专业内容、成绩及具备的专业技能等）、实践或工作情况、个人的其他情况（包括任职经历、爱好特长、性格等）；还可包括对工作或职位的认识及工作愿景、对工作或面试的渴望、求职者的联系方式等内容。求职信的最后部分包括祝颂语、附件及落款等。

以市场营销专业学生为例，对求职信的几项重点内容做详细说明。

1）学习经历。应届毕业的大学生工作经验、经历不多，因此在求职信中可以首先列出自己的学习经历及学习成果，表明自己已经为今后的职业工作做好了哪些准备。例如，毕业于市场营销专业的应届大学生，如果参与过一些大学生营销技能大赛类的活动并获奖，就与营销岗位的需求非常对口了。

2）工作经历。求职者在求职信中要简单地总括以往的实践或者工作经历，以此表明自身具备的能力是在实践中积累而成的。例如，"曾经兼职担任过××百货商场家电卖场导购，目前在××超市兼职做收银员"。

3）专长和能力。求职者在求职信中可以强调自己的专长和能力，表明自己符合招聘单位或相应岗位的需求。例如，"在××超市兼职时为其提供了合理化的建议，使超市节日卖场的营业额创下新纪录，我有信心在贵公司取得同样的佳绩"。

4）对招聘单位的认识。求职者在求职信里展示对招聘单位的认识，可以表明自己是个有心的人。例如，"了解到贵公司在最新的年度报告中提到，来年的销售收入目标为2 000万元，如果我能加入这个集体中，那么一定能为公司做出更大的贡献，力争与同事共同完成公司目标"。如果求职者不了解招聘单位的信息，则可以从企业文化入手，一般在企业网站或公司宣传栏里能找到相关信息。例如，"我非常认同贵公司'诚信、奉献、卓越'的企业文化，我认为每个销售员都应该具备诚实的品德，把最好的产品推荐给消费者，把消费者最真实的诉求反馈给企业，为消费者解决难题，为公司营造良好的口碑"。

（二）求职信的书写礼仪

一封标准的合乎要求的求职信（图2-8），应该全面、真实地介绍求职者的情况，因此求职者应反复斟酌字句，不要写错字，既要简明扼要，又要突出重点，不要过分强调学习成绩，而要强调自己能完成招聘岗位工作的能力。在介绍特长时，应真实、具体，不可泛泛而谈。书写求职信的纸张应用质地较好的信纸，用钢笔或黑色签字笔书写，采用正确的格式，保证书写干净、整齐，将篇幅控制在两页以内。如果打印求职信，则通常用方正仿宋字体。求职者务必保证求职信格式正确，并手写签名。

1）单独使用求职信时，需要将内容表述全面。

2）搭配使用求职信与简历时，对内容可有所侧重，要突出与岗位相关的信息，可在简历中详细描述个人履历。

求职信

尊敬的某公司/领导：

您好！感谢您在百忙之中审阅我的求职信。

从校园招聘栏上看到贵公司招聘网络专员的信息。对于一个刚刚走出校门的大学生来说，也许我的经历还不够丰富，但我依然有着不断进取的决心和刻苦钻研的劲头，希望能够加入贵公司。在这里特向您递上我的求职信。

我是一名来自××大学计算机信息管理专业的毕业生，在校期间主要学习了计算机原理、计算机应用技术、高级语言程序设计、数据库及其应用、管理信息系统、办公自动化、组织与管理概论、财务管理、基础会计等一系列课程，并且所有课程毕业考试全部合格。相信这些理论知识都将是我毕业以后走上就业岗位的敲门砖。

学习之余，我还参与过众多校级活动的组织工作。比如组织全校性的辩论比赛，我担任了活动总策划的职务，在整个活动中，从主题的选定到工作人员的安排再到参赛团队的培训，我都发挥了一定的组织作用，这使我的社交能力和协调能力得以长进。

在实习实践方面，我曾参与了……

如果能够被贵公司录取，我一定再接再厉，和公司同人一道为公司创造更加美好的明天。

联系电话：13×××××××××。通信地址：重庆市××学校

此致

敬礼！

（手写签名）

20××年×月×日

图 2-8 求职信

二、制作简历

简历可以作为附件与求职信搭配使用，但无论是搭配使用还是独立使用，其形式均以表格为主，其内容须分类排版。

（一）简历的基本内容

简历的基本内容包括 4 个部分。

1）基本情况介绍。基本情况介绍包括姓名、性别、联系方式、出生年月、家庭地址、政治面貌、婚姻状况、身体状况、兴趣爱好、性格特点等。

2）学历情况概述。学历情况概述主要包括学习历程、在校期间获奖情况、专业特长、参加过的社会实践活动、在校所任职务、承担的任务等。例如，学习历程就是求职者曾经就读的学校、所学专业、学位学历、外语及计算机掌握程度等情况。

学习历程的书写格式如下。

2016 年 9 月～2019 年 6 月，重庆大学汉语言文学硕士。

2012 年 9 月～2016 年 6 月，重庆大学新闻学学士。

2009 年 9 月～2012 年 6 月，重庆市实验中学高中。

在校期间所获荣誉的书写格式如下。

2019 学年，荣获“校优秀学生干部”荣誉称号。

2018 学年，荣获“国家励志奖学金一等奖”。

2017 学年，荣获“优秀团员”荣誉称号。

外语及计算机掌握程度，一般是指求职者所获得的相关证书情况，如“英语中级口译证书”“CET-4（College English Test Band 4，大学英语 4 级考试）证书”“计算机二级证书”等。求职者不要用抽象的词句来描述外语及计算机掌握程度。

3）工作经历。求职者要介绍曾经工作过的单位名称、职位、个人工作成绩、培训或深造就学情况、工作变动情况、职务升迁情况等。对于大学生来说，求职时要多强调在校期间参加的实践活动，介绍自己的兼职工作情况。

求职者一般按照由近到远的时间顺序填写学习历程和工作经历，如此倒叙的原因是使面试官或者审阅简历者最先、最快看到求职者的最高学历、最高技能水平或者最高的工作职位，以便他们更容易了解到求职者的优秀程度。如果有正式的工作经历，则把工作经历写在学习历程前面。作为应届毕业生，多数情况下没有正式工作经历，因此可以在简历中强调从事过何种学生工作或社会实践，并简单描述自己在从事这些工作时所担任的角色或任务。

4）自我评价。自我评价一般用 3～4 句话概述对自己的认识和评价，可以从精神品德、个性特点、技术能力等方面进行描述。例如，“本人对工作富有激情，能全身心投入工作，并能始终保持强烈的责任感；性格温和开朗，擅长交流与合作，与合作伙伴及客户能有效沟通；能承担压力，勤于思考，善于分析与解决问题，勇于迎接新挑战；坚信团队成员的执行力、团队成员的积极性是项目成功的关键”。

求职者可以灵活选择自我评价，如果前面 3 个部分内容较多，已将 A4 纸排满，则可以省略该部分。

（二）简历的书写礼仪

1）简历不可过于冗长。求职者应将简历篇幅控制在一页以内，简历越长，被认真阅读的可能性越小。处于特殊情况下的求职者或高级人才可以准备两页以上的简历，但是需要在简历的开头部分有简洁清楚的资历概述，以方便阅读者在较短时间内掌握基本情况，产生进一步详细阅读的欲望。

2）简历要清晰明了、便于阅读。在简历排版时，求职者需要综合考虑字体大小、行和段的间距、突出重点内容等因素，既要美观，又要展示出求职者的能力特长。

3）简历要有针对性。对于不同的行业、不同的公司和不同的岗位，求职者应该提交不同的简历，可以根据招聘要求，把岗位需要的技术能力在自己的学习、实践、工作经历中呈现出来。尤其要强化自己的强项、弱化自己的短板，把最完美、最有实力、最精彩的自己展示在招聘单位面前。

简历的两类形式如下。

1. 有框格排版的简历

有框格排版的简历如图 2-9 所示。

<table>
<tr><th colspan="9">个 人 简 历</th></tr>
<tr><td colspan="2">姓 名</td><td colspan="2"></td><td>性 别</td><td></td><td>出生年月</td><td></td><td rowspan="4">证件照</td></tr>
<tr><td colspan="2">籍 贯</td><td colspan="2"></td><td>民 族</td><td></td><td>政治面貌</td><td></td></tr>
<tr><td colspan="2">毕业学校</td><td colspan="2"></td><td>最高学历</td><td></td><td>所学专业</td><td></td></tr>
<tr><td colspan="2">联系电话</td><td colspan="3"></td><td>邮 箱</td><td colspan="2"></td></tr>
<tr><td rowspan="3">教育经历</td><td colspan="3">起止年月</td><td colspan="3">学校名称</td><td colspan="2">专业名称</td></tr>
<tr><td colspan="3"></td><td colspan="3"></td><td colspan="2"></td></tr>
<tr><td colspan="3"></td><td colspan="3"></td><td colspan="2"></td></tr>
<tr><td rowspan="4">实习实践经历</td><td colspan="3">起止年月</td><td colspan="3">单位名称</td><td colspan="2">任何职务</td></tr>
<tr><td colspan="3"></td><td colspan="3"></td><td colspan="2"></td></tr>
<tr><td colspan="3"></td><td colspan="3"></td><td colspan="2"></td></tr>
<tr><td colspan="3"></td><td colspan="3"></td><td colspan="2"></td></tr>
<tr><td colspan="3">曾获奖励奖项
或突出成果</td><td colspan="6"></td></tr>
<tr><td colspan="3">技能证书</td><td colspan="6"></td></tr>
<tr><td colspan="3">自我评价</td><td colspan="6"></td></tr>
</table>

图 2-9 有框格排版的简历

2. 无框格排版的简历

无框格排版的简历如图 2-10 所示。

个人简历
PERSONAL RESUME

张××　求职意向：销售类岗位

证件照

- 出生年月：1999年8月　■ 现　　居：重庆市江津区
- 籍　　贯：重庆江津　■ 电　　话：13000000000
- 毕业学校：重庆××大学　■ 邮　　箱：1234567@qq.com

教育背景

2018.09-2021.06　重庆××大学/营销学院　市场营销/专科
主修课程：
国际市场营销、市场调查与预测、大学心理学、商业心理学、公共关系学、经济法、国际贸易、大学英语、计算机应用

实习经历

2020.07-2021.05　重庆××电子公司　区域销售助理
工作描述：
1. 顶岗实习期间加入重庆××电子公司，负责公司唯一的零售门市零售业务；
2. 春节期间，参与公司主营业务，负责××国际知名产品重庆分销；
3. 全面熟悉公司全线产品的产品性能、价格及销售政策、竞争对手产品调查等各项工作。

2019.07-2019.08　重庆××科技公司　销售代表
工作描述：
1. 参与走访西南大区包括重庆、四川、贵州全线产品的销售管理、客户管理等；
2. 完成客户整合，与团队共同超额完成公司7～8月的销售任务。

个人技能

语言能力：拥有大学英语CET4、普通话二级甲等证书
专业技能：熟练掌握销售各种技巧，熟练企业商务流程
办公技能：通过计算机二级考试（二级C），熟练使用Word、Excel、PPT等日常办公软件

自我评价

本人具备销售人员应具有的素质：积极，自信，大胆，开朗，沟通力强。具备专业的产品知识、谈话技巧、商务礼仪。成熟稳重，责任心强，心态稳定，敢于担当重任；有一定的营销与管理经验，接受能力强，能迅速接受新的理论与技能。

图 2-10　无框格排版的简历

任务实施

学生运用相关知识撰写一份简历或求职信；教师选出典型进行统一点评，并强调需要注意的问题。

※ 注意事项

1）面试时，切忌让亲朋陪同入场。有的求职者在面试时，习惯带上同学或亲戚，以消除紧张或给自己当“参谋”。这种做法对求职者是不利的：一是会给面试官留下缺乏自信心、独立性不强的印象；二是人多嘴杂，反而影响求职者的正常思考和发挥。因此，在面试时，“亲友团”还是不带为妙。

2）作为求职者，不仅要时时注意面试官在说什么，还要注意面试官的表情变化，以便准确地把握面试官的思想感情。

3）对于面试所需的关键证件、毕业证书、荣誉证书、技能证书等，求职者要适当复印几份，把原件和复印件都带上，同时切忌折叠这些资料，要保持资料的平整和清洁。

4）如果简历有贴照片一栏，求职者就要去照相馆拍一张正规的证件照贴上去，这样可以给招聘单位留下深刻的第一印象，提高简历被选拔出来的概率。

5）简历中所填的内容必须真实可靠，不可添油加醋、造假吹牛。如果在求职资料中谈及自身爱好或特长，如爱好看书、擅长唱歌跳舞，则需要提前准备一段"即兴表演"，以防在面试时被面试官要求当场表演。面试官可以用很多方式来验证个人信息的真实性。

思考与练习

1）面试前应该做好哪些准备？

2）制作简历和撰写求职信时应该注意哪些方面？

学习评价

项目二学习评价表如表2-1所示。

表2-1 项目二学习评价表

项目	评价内容	配分	组员姓名			
关键能力考核项目	能运用相关知识进行自身职场形象打造	20				
	能运用相关知识正确完成职场面试流程	20				
	能运用相关知识撰写一份简历或求职信	20				
专业能力考核项目	熟知面试前需要克服的困难或需要解决的问题	10				
	了解职场面试过程中面试官可能提出的问题	15				
	了解并掌握简历和求职信的关系和撰写技巧	15				
小组评语及建议			组长签名： 年 月 日			
教师评语及建议			教师签名： 年 月 日			

项目三 仪态礼仪

引 言

在职场中，仪态是影响与人交流的重要因素，它塑造了一个人外在的形象。仪态礼仪包括站姿、鞠躬、坐姿、蹲姿、行姿、指引、递送、送别等方面。良好的仪态可以传递优雅的信息，展现一个人良好的状态。

※ 知识目标

1）掌握正确的仪态礼仪要求。

2）了解生活中容易出错的仪态礼仪，并避免出现不良体态。

3）通过课后练习，掌握仪态礼仪动作。

※ 能力目标

1）了解仪态礼仪中肢体语言的重要性，熟知仪态礼仪的基本要求。

2）通过了解正确的仪态动作，提高个人魅力和修养，并灵活运用仪态礼仪。

※ 素质目标

1）在训练过程中让同学发现美，提高个人形象。

2）引导和激励学生注重仪态，乐观面对生活挑战。

3）加强关节灵活训练，培养学生吃苦耐劳的精神，培养较好的自我表现能力，了解正确的姿态，及时修正错误仪态。

4）提高身体协调性，增进身心健美、陶冶情操。

站姿与鞠躬

任务一　站姿与鞠躬

在职场与日常社交中，仪态礼仪中的站姿与鞠躬往往“搭配”出现，我们应掌握站姿与鞠躬的要点，练习正确的仪态方式，避免习惯错误，学习好本任务的内容，并将其正确运用于职场中。

一、站姿

站姿是最能体现个人气质的仪态，了解“站有站相”，可以在职场中提升个人魅力。

（一）站姿手势

1）女士垂手式：双手自然下垂放于身体两侧（图 3-1）。

2）女士前握式：五指并拢，右手在上，双手相叠（图 3-2）。

3）男士前握式：用左手抓右手手腕，呈空心拳状；或左手盖右手，呈空心拳状（图 3-3）。

图 3-1　女士垂手式

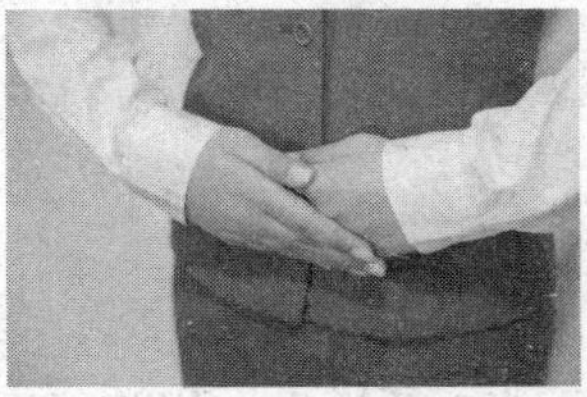

图 3-2　女士前握式

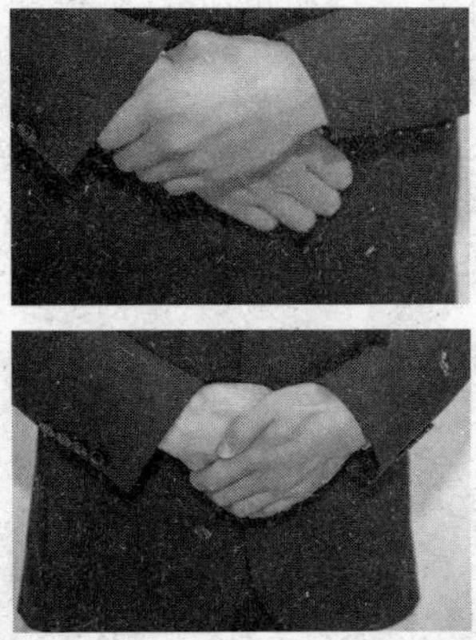

图 3-3　男士前握式

4）男士背手式（图 3-4）：安保人员因需塑造威严形象常用此手势，同时在职场中，职务较高的人也常用此手势，此手势容易让人产生距离感。因此背手式须慎用。

图 3-4　男士背手式

（二）从站姿到坐姿

1）左侧入座。

2）站于凳子前方，用右脚后侧触碰凳子。

3）移重心于右脚，直立坐下（女生抚裙）。

4）呈现坐姿手势，同时右脚并于左脚。
5）面带微笑。

（三）站姿类型

1. 肃立

肃立（男女适用）如图 3-5 所示。
1）双脚并拢，双膝直立，大腿收紧，将重心移于双腿中间。
2）收腹，腰部上立，后背直立，双肩打开，双肩放松自然下沉，双手自然放于身体两侧或双手呈前握式。
3）眼睛平视前方，面部放松，嘴唇微闭，下颚微收，颈椎和脊柱保持在一条线上。
4）表情保持自然。

2. V 字步站姿

V 字步站姿（男女适用）如图 3-6 所示。
1）后脚跟并拢，脚尖打开 45°～60°，双膝直立，大腿收紧，重心落于双腿中间。
2）收腹，腰部上立，后背直立，双肩打开，双肩放松自然下沉，双手自然放于身体两侧或双手呈前握式。
3）眼睛平视前方，面部放松，嘴唇微闭，下颚微收，颈椎和脊柱保持在一条线上。
4）保持微笑。

图 3-5　肃立

图 3-6　V 字步站姿

3. 丁字步站姿

丁字步站姿（适用于女士长时间站立）如图 3-7 所示。

1）右脚后收，脚弓贴左脚后跟，左脚脚尖微微向左移动25°，双膝直立，大腿收紧，重心在左脚、右脚、双腿中间变换。

2）收腹，腰部上立，后背直立，双肩打开，双肩放松自然下沉，双手呈前握式。

3）眼睛平视前方，面部放松，嘴唇微闭，下颚微收，颈椎和脊柱保持在一条线上。

4）保持微笑。

4. 分膝式站姿

分膝式站姿（男士适用）如图3-8所示。

1）双脚打开与肩同宽，双膝直立，大腿收紧，重心落于双腿中间。

2）收腹，腰部上立，后背直立，双肩打开，双肩放松自然下沉，双手呈前握式或双手呈背手式。

3）眼睛平视前方，面部放松，嘴唇微闭，下颚微收，颈椎和脊柱保持在一条线上。

4）保持微笑。

图3-7 丁字步站姿

图3-8 分膝式站姿

二、鞠躬

鞠躬是日常工作或重要场合中常使用的礼节，以下说明鞠躬的礼仪要求。

（一）鞠躬的角度

鞠躬的角度要根据场合与对象而定，一般分为以下3种。

1）楷礼（图3-9）：90°鞠躬，为最郑重、严肃的一种鞠躬礼仪，较少被使用。

2）章礼（图3-10）：30°～45°鞠躬，面对长辈、宾客或致谢、道歉时使用此礼仪。

3）草礼（图3-11）：约15°鞠躬，面对平辈或问好时使用此礼仪。

图 3-9　楷礼

图 3-10　章礼

图 3-11　草礼

（二）鞠躬的要点

1）在站姿的基础上，以髋部为轴，上身向前倾斜；鞠躬时，眼睛不能看着对方，眼神根据鞠躬角度保持平视状态。

2）尾椎、后背、颈椎保持在一条线上，不可弯曲。

3）双手呈前握式或放于身体两侧。

4）表情自然。

任务实施

学生分组运用相互观察、辅助、结伴的方式练习站姿与鞠躬；教师通过课上纠正及动作辅导，让学生在各种情景中体现站姿与鞠躬仪态，通过分组观察的方式让学生相互点评，强调重点、要点，加深学生学习印象。

任务二　坐姿与蹲姿

坐姿与蹲姿

在职场与日常社交中，好的坐姿与蹲姿往往给人文雅、端庄之感。我们应通过学习坐姿与蹲姿的要点，掌握坐姿与蹲姿的礼仪内容，并正确运用于职场中。

一、坐姿

优雅、大方的坐姿会让我们在职场中备受尊重，良好的仪态更能提升个人魅力。

（一）坐姿手势

1）女士坐姿手势：五指并拢，右手在上，双手相叠放于腿上（图 3-12）。

2）男士坐姿手势：掌心向下，双手放于膝盖上（图 3-13）。

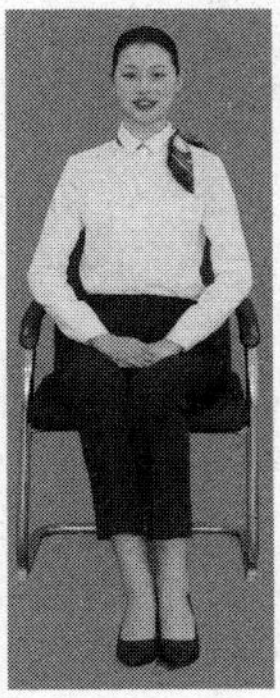

图 3-12 女士坐姿手势

图 3-13 男士坐姿手势

（二）从坐姿到站姿

1）正坐，右脚后移。
2）直立起身，重心移至左脚。
3）呈现站姿手势，同时右脚并于左脚。
4）面带微笑。
5）从左侧离座。

（三）坐姿类型

1. 垂直式（标准式）坐姿

垂直式（标准式）坐姿（男女适用）如图 3-14 所示。

1）正坐于凳子的 2/3 处。
2）后背直立，抬头挺胸，目光平视，表情自然。
3）身体与大腿呈 90°。
4）大腿与小腿呈 90°。
5）小腿与脚呈 90°。
6）女士五指并拢，右手盖于左手上，双手放于腿上；男士掌心向下，双手放于膝盖上。
7）女士双腿、脚尖并拢；男士双腿、脚后跟并拢，脚尖打开 45° 左右。

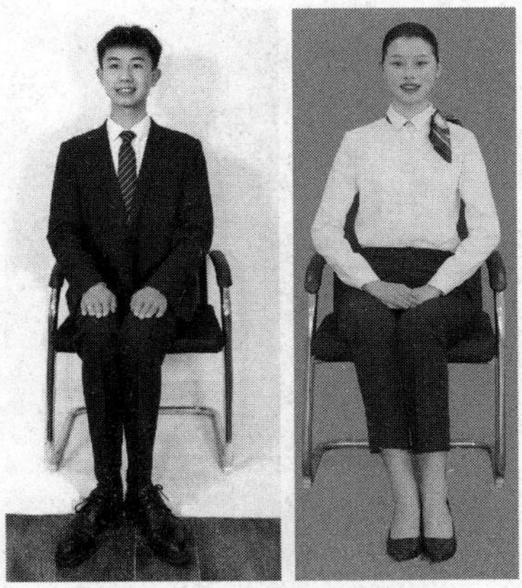

图 3-14 垂直式（标准式）坐姿

2. 侧点式坐姿

侧点式坐姿（女士适用）如图 3-15 所示。

1）正坐于凳子 2/3 处，双膝并拢。

2）后背直立，抬头挺胸，目光平视。在垂直式（标准式）坐姿基础上，右脚侧点于右侧，左脚并于右脚；或者左脚侧点于左侧，右脚并于左脚（注意脚背与小腿呈一条线）。

3）大腿与小腿呈 90°。

4）五指并拢，右手盖于左手，双手放于腿上。

5）面带微笑。

3. 侧挂式坐姿

侧挂式坐姿（女士适用）如图 3-16 所示。

1）正坐于凳子 2/3 处，双膝并拢。

2）后背直立，抬头挺胸，目光平视。

3）在侧点式坐姿基础上，双脚侧点于右侧，左腿翘于右腿上；或者双脚侧点于左侧，右腿翘于左腿上。小腿并拢，脚背、小腿正对前方。

4）大腿与小腿呈 90°。

5）五指并拢，右手盖于左手，双手放于腿上。

6）面带微笑。

4. 交叉式坐姿

交叉式坐姿（女士适用）如图 3-17 所示。

1）正坐于凳子 2/3 处，双膝并拢。

2）后背直立，抬头挺胸，目光平视。

3）在垂直式（标准式）坐姿基础上，右脚交叉于左脚。

4）大腿与小腿呈 90°。

5）五指并拢，右手盖于左手，双手放于腿上。

6）面带微笑。

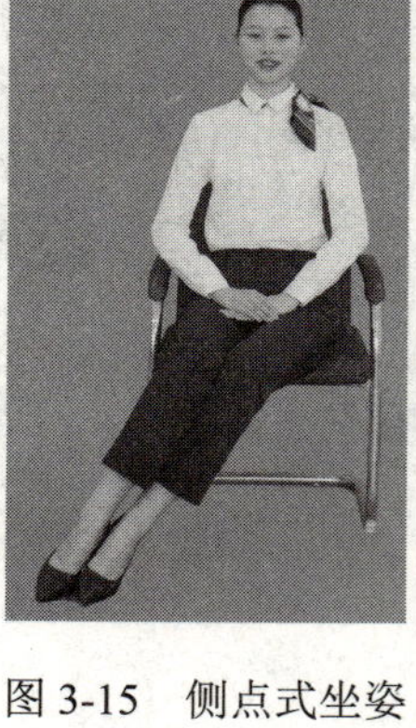

图 3-15　侧点式坐姿

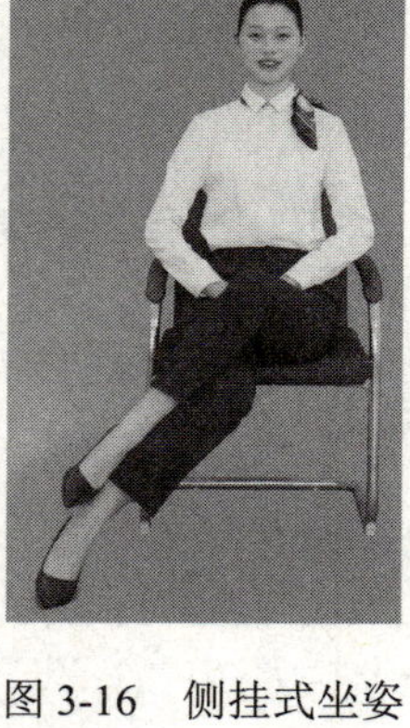

图 3-16　侧挂式坐姿

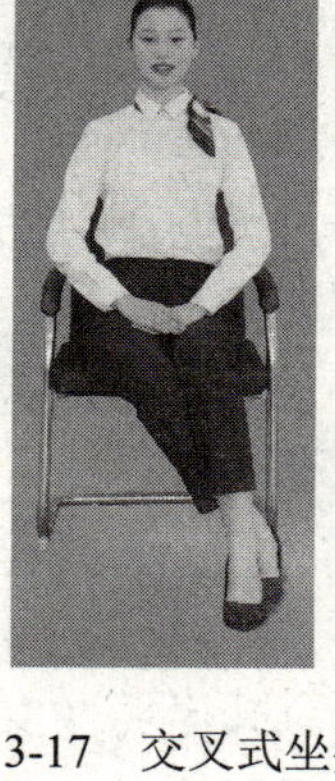

图 3-17　交叉式坐姿

5. 丁字步坐姿

丁字步坐姿（女士适用）如图 3-18 所示。

1）正坐于凳子 2/3 处，双膝并拢。

2）后背直立，抬头挺胸，目光平视。

3）在垂直式（标准式）坐姿基础上，右脚脚弓触碰左脚后脚跟，左脚脚尖同时向左打开 15°，不正指他人。

4）大腿与小腿呈 90°。

5）五指并拢，右手盖于左手，双手放于腿上。

6）面带微笑。

6. 分膝式坐姿

分膝式坐姿（男士适用）如图 3-19 所示。

1）正坐于凳子 2/3 处。

2）后背直立，抬头挺胸，目光平视，脚尖向前。

3）在垂直式（标准式）坐姿基础上，双膝分开不超过肩宽。

4）双手掌心向下，放于膝盖上。

7. 伸式坐姿

伸式坐姿（男女适用）如图 3-20 所示。

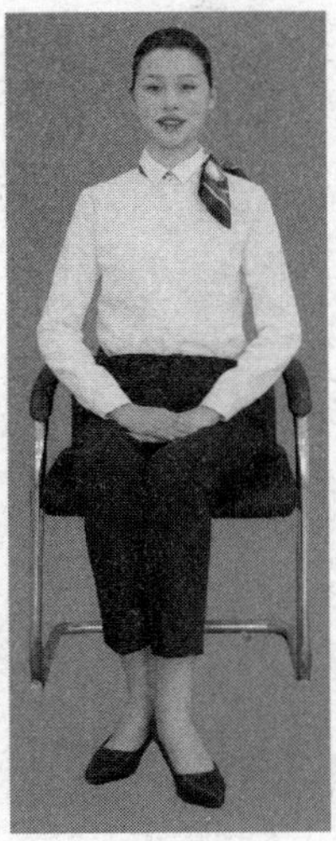

图 3-18 丁字步坐姿

图 3-19 分膝式坐姿

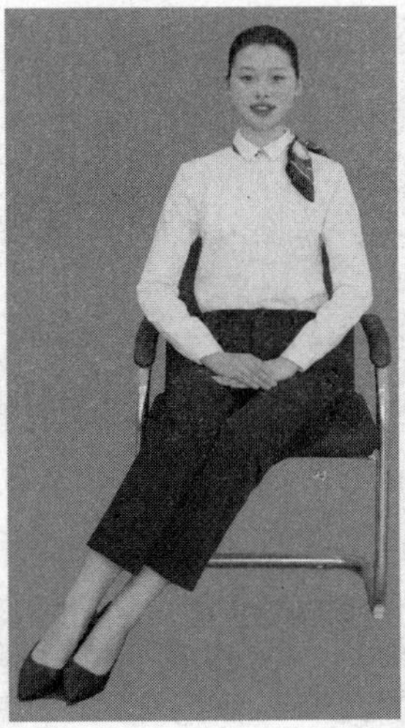

图 3-20 伸式坐姿

1）正坐于凳子 2/3 处。

2）后背直立，抬头挺胸，目光平视。

3）女士：在垂直式（标准式）坐姿基础上，右脚平脚踩于右侧，双膝并拢，左脚并于右脚；或者左脚平脚踩于左侧，双膝并拢，右脚并于左脚。

4）男士在分膝式坐姿基础上，右脚后移半步。

5）女士五指并拢，右手盖于左手，双手放于腿上；男士双手掌心向下，放于膝盖上。

6）面带微笑。

二、蹲姿

做好蹲姿并不容易，在职场中，我们需要培养良好的蹲姿仪态，提升个人魅力。

（一）蹲姿手势

1）女士手势：五指并拢，右手在上，双手相叠放于腿上。

2）男士手势：掌心向下，双手放于膝盖。

（二）蹲姿的要点

1）直立下蹲。

2）下蹲后重心落在后脚跟。

3）后脚跟、后背、后脑勺与地面呈一条垂直线。

4）保持微笑。

（三）蹲姿的类型

1. 高低式蹲姿

高低式蹲姿（男女适用）如图 3-21 所示。

1）保持正步站姿。

2）右脚后移，上身保持直立。

3）女士抚裙蹲下；男士双手轻提大腿处裤子蹲下。

4）女士膝盖与脚踝并拢；男士膝盖与脚踝间距不超过肩宽。

5）保持后背直立，重心落在右脚脚后跟。

6）女士双手交叠放于腿上；男士掌心向下，双手放于膝盖。

2. 单膝点地式蹲姿

单膝点地式蹲姿（男生适用）如图 3-22 所示。

1）保持正步站姿。

2）右脚后移，上身保持直立。

3）双手轻提大腿处裤子蹲下。
4）膝盖与脚踝间距不超过肩宽。
5）保持后背直立，重心落在右脚脚后跟，右膝盖点地。
6）双手掌心向下，放于膝盖。

3. 交叉式蹲姿

交叉式蹲姿（女士适用）如图 3-23 所示。
1）保持正步站姿。
2）右脚向左后方移动，上身保持直立。
3）抚裙蹲下。
4）保持后背直立，重心落在右脚脚后跟。
5）双手交叠放于腿上。

图 3-21　高低式蹲姿

图 3-22　单膝点地式蹲姿

图 3-23　交叉式蹲姿

任务实施

学生分组运用相互观察、辅助、结伴的方式练习坐姿与蹲姿；教师通过课上纠正及动作辅导，让学生在各种情景中体现坐姿与蹲姿仪态，通过分组观察的方式让学生相互点评，强调重点、要点，加深学生学习印象。

任务三　行姿与指引

行姿与指引

良好的行姿和正确的指引能给人以舒适的感受，反映出个人良好的精神状态和自身修养。

一、行姿

优雅、大方的行姿能给人美的感受，因此，培养良好的行姿能提升个人魅力。

（一）标准行姿

标准行姿如图 3-24 所示。

图 3-24　标准行姿

1）保持站姿体态，目光平视，眼睛有神，面容自然。
2）双肩平稳展开，大臂带动小臂。
3）手臂摆臂弧度为向前 25°～30°，向后约 15°。
4）腰部挺直，不可大弧度摆动胯部，不可扭腰。
5）步子不宜过大，每步约为一脚长。
6）行姿重心在脚落地时先落于后脚跟，再随动作移动至前脚掌。
7）步态平稳，不可上下起伏。

（二）不同场合的行姿

1）在狭窄的室内不可奔跑。
2）在尊长面前不可缓慢地、大摇大摆地走过。
3）尊长呼唤、询问时，须快步走过去。
4）在办公场所或拜访他人时，走路脚步要轻。
5）遇到尊长时，应主动走到其跟前打招呼。
6）路上遇到谈话的人，不应从其中间穿过。
7）在静谧的环境中，走路不宜发出声响。

（三）日常生活中的行姿礼仪

1）两人同行时，以右为尊，以前为尊。
2）男女同行时，男左女右。
3）3 人同行时，以中间者为大，其次为右，最后为左。
4）室外行走，靠里面行走者为尊。
5）在较窄的人行道行走、上楼梯或乘坐扶梯时，靠右行。
6）遵循“女士优先”的礼仪规则。

二、指引

在职场与日常生活中常常用到指引手势，不同的手势表现出不同的待人态度，千万不能因自己的错误理解而闹笑话。学会正确的指引手势能让人更显大方。

（一）指引手势

指引手势如图 3-25 所示。

1）右手五指并拢，绷直手指。

2）手心对准 45° 斜上方。

3）左手自然放于身侧。

（二）指引手势的要点

1）五指并拢，手指绷直且不得向后弯曲。

2）手部与小臂呈一条直线。

3）在手势指出时要定点两秒，且眼睛看向被指引方向，保持微笑。

4）通常用右手指引。

（三）指引类型

1. 横摆式

横摆式如图 3-26、图 3-27 所示。

1）保持站姿。

2）左手自然放于身体一侧。

3）右大臂打开，右小臂向右侧举起，不得摇晃。

4）手心对准 45° 斜上方。

5）手与肩平行。

6）眼睛看向手指指向的方向。

7）眼睛回看被指引人。

图 3-25　指引手势

图 3-26　横摆式一

图 3-27　横摆式二

2. 双臂横摆式

双臂横摆式如图 3-28～图 3-30 所示。

1）保持站姿。

2）双臂打开，小臂向旁举起，不得摇晃（双臂也可向同一方向摆出）。

3）手心对准 45°斜上方。

4）手与肩平行。

5）眼睛看向手指指向方向。

6）眼睛回看被指引人。

图 3-28 双臂横摆式一

图 3-29 双臂横摆式二

图 3-30 双臂横摆式三

3. 曲臂式

曲臂式如图 3-31 所示。

1）保持站姿。

2）左手自然放于身体一侧。

3）以右臂手肘为点，右小臂由下向左举起，直至与地面平行，不得摇晃。

4）手心对准 45°斜下方。

5）眼睛看向手指指向方向，身体微微前倾。

6）眼睛回看被指引人。

4. 前摆式

前摆式如图 3-32 所示。

1）保持站姿。

2）左手自然放于身体一侧。

3）右大臂向前打开，右小臂向前伸直举起，不得摇晃。
4）手心对准 45° 斜上方。
5）右臂与胸口平行。
6）眼睛看向手指指向方向。
7）眼睛回看被指引人。

5. 斜摆式

斜摆式可用于请客人入座时，如图 3-33、图 3-34 所示。
1）保持站姿。
2）左手自然放于身体一侧。
3）右大臂向前或侧方打开，右小臂斜下举起，不得摇晃。
4）手心对准 45° 斜上方。
5）左手与胯部平行。
6）眼睛看向右手手指指向方向。
7）眼睛回看被指引人。

图 3-31 曲臂式

图 3-32 前摆式

图 3-33 斜摆式一

图 3-34 斜摆式二

6. 直臂式

直臂式（可用于高处指引）如图 3-35、图 3-36 所示。
1）保持站姿。
2）左手自然放于身体一侧。
3）右大臂、右小臂向斜上举起，不得摇晃。

4）手心对准 45° 斜上方。

5）手略微高出头顶。

6）眼睛看向手指指向方向。

7）眼睛回看被指引人。

图 3-35　直臂式一

图 3-36　直臂式二

（四）指引场合

1）接待指引。接待指引时应当先告知客人目的地在什么地方，让其跟随指引者走。指引者走在客人前面 1～1.5 米处，在楼梯或转角处提醒客人注意安全。可采用横摆式进行指引。

2）走廊指引。在比较狭窄的走廊内，指引者应让客人走在内侧。可采用前摆式、曲臂式和横摆式进行指引。

3）楼梯指引。上楼梯时客人走在前，下楼梯时指引者走在前。若客人不熟悉地形，则指引者走在前。可采用直臂式和横摆式进行指引。

4）电梯指引。在乘坐电梯前，指引者须告知客人去几层。当电梯有工作人员时，客人先入内，反之则指引者先入内按住“开门键”后，再请客人入内。到达楼层后，指引者按住“开门键”请客人先出电梯。注意，指引者须站在电梯靠前的位置，可采用斜摆式、曲臂式和横摆式进行指引。

5）接待室指引。进入接待室前，指引者须先敲门再开门，若门向里打开，则指引者先入内，把住门后，再请客人入内。若门向外打开，则指引者先请客人入内，再引导客人入座。可采用斜摆式和横摆式进行指引。

任务实施

学生分组运用相互观察、辅助、结伴的方式练习行姿与指引；教师通过课上纠正及动作辅导，让学生在各种情景中体现行姿与指引仪态，通过分组观察的方式让学生相互点评，强调重点、要点，加深学生学习印象。

任务四　递送与送别

递接与送别

在职场与日常社交中，使用正确的递送物品礼仪和送别姿态能给人礼貌、端庄之感。我们应学习递送与送别的礼仪要点，掌握递送与送别的主要内容，并将其正确运用于职场中。

一、递送

在职场中，正确的递送方式能给人被尊重的感觉，更能提升个人的魅力。

（一）标准递送

标准递送如图 3-37 所示。

1）双手拿起物品，若因特殊情况无法使用双手，则可使用右手递接。

2）将物品正面朝向对方。

3）小臂与手呈一条直线，用双手递出物品。

4）眼睛看着对方。

5）尾椎、后背呈一条直线，身体微向前倾。

6）保持微笑。

图 3-37　标准递送

（二）递送类型

1. 拾起物品递送

拾起物品递送如图 3-38、图 3-39 所示。

1）采用蹲姿拾起物品。

2）蹲下时用侧面对人。

3）拾起物品双手递送给对方。

4）身体前倾，面带微笑。

图 3-38　拾起物品

图 3-39　将物品递送给对方

2. 递送尖锐物品

递送尖锐物品如图 3-40 所示。

1）拿住物品尖锐端。

2）双手递送给对方。

3）身体前倾，面带微笑。

3. 递送笔

递送笔如图 3-41 所示。

1）左手拿住笔尖，右手拿住笔尾。

2）双手递出，以便对方接笔。

3）身体前倾，面带微笑。

图 3-40　递送尖锐物品

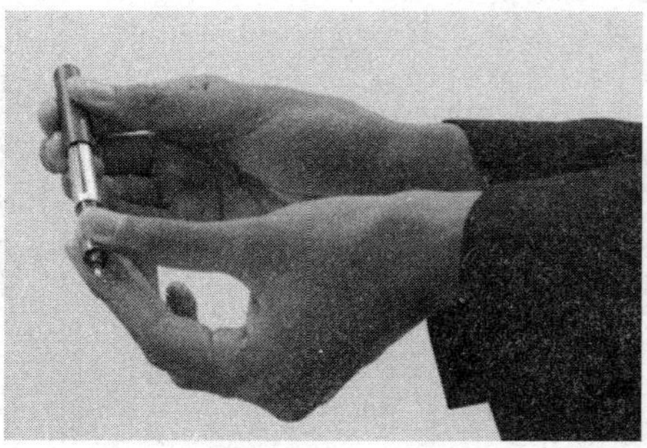

图 3-41　递送笔

4. 递送书本、资料

递送书本、资料如图 3-42 所示。

1）拿起物品，正面面对对方。

2）双手递送给对方。

3）身体前倾，面带微笑。

5. 递送杯子

1）端起杯子，一手握杯把，一手托杯底，将杯把朝向自己左侧。

2）双手递送给对方，身体前倾，面带微笑。

3）也可将茶杯放在客人面前，将杯把朝向客人右侧，并说“请用茶”（图 3-43）。

图 3-42 递送书本、资料

图 3-43 递送杯子

二、送别

送别在职场与日常生活中经常出现。采用正确的送别手势，能让我们在职场中的举止更加得体。

（一）送别手势的要点

送别手势如图 3-44 所示。

1）左手自然放于身体左侧。

2）右手五指并拢，手指绷直不弯曲。

3）右大臂与身体呈 90°。

4）右大臂与右小臂呈 90°。

5）右手指尖不超过头顶。

6）右手左右挥手约 25°。

图 3-44 送别手势

（二）送别的类型

1. 家中做客送别

1）客人到家里做客，主人应主动握手表示欢迎。
2）何时离开应由客人提出。
3）主人应主动留客。
4）主人应起身走在客人身后。
5）客人应与主人握手，表示感谢。
6）主人应微笑并采用送别手势相送，直到客人离开。

2. 践行送别

1）客人将要离开时，主人应为客人举行宴会以表示尊重。
2）主人应向客人赠送礼品以表达友好和尊重。

3. 送行送别

1）在职场中，异地客人离开本地时，主人理应送别。
2）当客人有较多或较重的行李时，主人理应帮忙提行李。
3）主人应微笑并采用送别手势相送，直到客人离开。

任务实施

学生分组运用相互观察、辅助、结伴的方式练习递送与送别；教师通过课上纠正及动作辅导，让学生在各种情景中体现递送与送别仪态，通过分组观察的方式让学生相互点评，强调重点、要点，加深学生学习印象。

※ 注意事项

1）耸肩、驼背、探颈，是现代低头族和电脑族容易出现的体态问题，因此，要学会在生活中纠正体态问题，养成良好的生活习惯，培养良好的仪态。

2）抖腿是一种不礼貌的动作，给人不稳重的感觉。在行走时，应避免外八字脚，避免脚步在地上拖沓，避免脚步声过大。

3）递送物品时，用双手最佳。若不便使用双手，则用右手。用左手递送物品是失礼之举。若双方距离较远，则应主动走近递物者。若客人要离开，则不可只说再见没有行动，“出迎三步，身送七步”才显热情。

思考与练习

1）在什么情况下女士使用交叉蹲姿？

2）在指引时会用到左手吗？通常在什么情况下使用左手？

3）与同学一起练习交递接物品，并相互观察纠正。

学习评价

项目三学习评价表如表 3-1 所示。

表 3-1　项目三学习评价表

项目	评价内容	配分	组员姓名			
关键能力考核项目	熟练区分各类站姿并标准完成	10				
	熟练区分各角度鞠躬并标准完成	10				
	熟练区分各类坐姿并标准完成	10				
	熟练区分各类蹲姿并标准完成	10				
	熟练区分行姿的挺拔度与各类指引并标准完成	15				
	递送与送别的标准度并标准完成	15				
专业能力考核项目	设定场合，熟练完成蹲姿、递送、指引、送别，运用相应的仪态动作	15				
	设定场合，熟练完成站姿、行姿、鞠躬、坐姿，运用相应的仪态动作	15				
小组评语及建议			组长签名： 年　月　日			
教师评语及建议			教师签名： 年　月　日			

项目四 会面礼仪

引言

会面礼仪是日常社交礼仪中最常用与最基础的礼仪，人与人之间的交往都要用到会面礼仪。在职场中掌握一些会面礼仪，能给同事、客户留下良好的第一印象。本项目通过学习介绍礼仪、名片礼仪、握手礼仪、称呼礼仪，使学生了解或掌握各种会面礼仪的使用方法。

※ 知识目标

1）了解介绍与称呼的礼仪。
2）掌握名片礼仪。
3）掌握握手礼仪。

※ 能力目标

1）了解介绍与称呼的使用规则。
2）掌握使用名片的方法。
3）掌握握手礼仪的使用场合与次序。

※ 素质目标

1）培养学生养成良好的礼貌礼节。
2）培养学生对礼仪修养的认识，增强中华文明传播力。
3）提升学生职业道德修养。

任务一 介绍礼仪

介绍礼仪

介绍是人与人之间相互认识的桥梁，是人们开始交往的第一步。介绍也是日常接待工作必不可少的环节，是在日常交往与接待中进行相互了解的基本方式之一。

介绍主要有自我介绍、为他人介绍和集体介绍 3 种方式。

一、自我介绍

（一）时间

这里的时间包括两个方面：一方面要考虑什么时候做自我介绍合适，把自己介绍给他人的最佳时机是对方有空的时候、心情好的时候、有认识你的兴趣或主动要求认识你的时候；另一方面要考虑自我介绍大致的时间。在社交场合用半分钟到一分钟来介绍自己就足够了，尤其是当自己的头衔比较多时，更不要面面俱到，选适合当时社交场合的内容就可以。如果自我介绍的内容太多，就会喧宾夺主，反而让别人记不住内容，还会有炫耀之嫌。

（二）态度

做自我介绍时，态度一定要亲切、自然、友好、自信，表情自然，用眼睛看着对方，要善于用眼神、微笑和面部表情来表达友善。不要显得不知所措，更不能摆出一副随便、满不在乎的样子。

（三）形式

自我介绍一般由三大要素构成，即姓名、工作单位、承担的具体工作。依据内容方面的差异，可以将自我介绍分为 4 种形式。

1）应酬型。它适用于一些公共场合和一般性的人际接触，只需要简单地介绍自己即可。

2）沟通型。它适用于普通的人际交往，意在寻求与对方交流或沟通的机会，使对方认识自己、了解自己，与自己建立联系。沟通型自我介绍的内容包括姓名、单位、籍贯、兴趣等。

3）工作型。它以工作介绍为中心，以工作会友，其内容重点集中于姓名、单位及工作的具体性质。在介绍时，应报出姓名、单位全称，如果报单位简称，则应是大家耳熟能详的单位，不能使对方不解或引起误会。在单位有职务的要报出职务，如果职务较低或者无职务，则可以简单说明自己从事的具体工作。

4）礼仪型。它适用于正式而隆重的场合，是一种礼貌友好的自我介绍，适用于讲座、报告、演出等正规场合。礼仪型自我介绍的内容除了姓名、单位、职务，还应附加一些友好、谦恭的语句。

二、为他人介绍

（一）介绍者礼仪

在社交场合，东道主、长者、主人、身份较高者或与被介绍的双方有一定交情的人都可以担任介绍者。介绍者在介绍前要了解双方是否有结识的愿望，介绍时语言要清晰明了，不能含糊其辞，以便双方记清对方的姓名。

（二）介绍的内容

1）一般介绍：姓名、称呼。

2）正式介绍：姓名、称呼、工作单位、职务、关系、兴趣爱好。

在介绍彼此的姓名、工作单位时，介绍者应为双方找一些共同话题，以便被介绍者找到谈话内容，如双方的共同爱好、共同经历、相互感兴趣的话题或相互认识的朋友。必要时，介绍者可以说明被介绍的一方与自己的关系，以便新结识的朋友之间相互了解和信任。

（三）介绍的顺序

总的来说，介绍要遵循的原则是：受尊敬的一方有优先了解另一方的权利。因此，介绍者在社交场合应将男士先介绍给女士。但如果领导是男性，下属是女性，则应将女士先介绍给男士。

介绍的顺序还包括：将年轻者先介绍给年长者，将地位低者先介绍给地位高者，将熟悉的人先介绍给不熟悉的人，将客人先介绍给主人，将后到者先介绍给先到者，将家人先介绍给同事、朋友，将未婚者先介绍给已婚者。

三、集体介绍

集体介绍主要用于规模较大的社交聚会、公务活动、涉外交往活动，如大型宴会、婚礼、生日晚会、演讲、报告、比赛、会见、会谈等。

集体介绍一般分为两种情况：集体和集体，集体和个人。无论是哪种情况，介绍时都要讲究一定的顺序。集体介绍主要遵循以下原则。

（一）少数服从多数

当被介绍者双方地位、身份大致相等时，应先介绍人数较少的一方。

（二）只需单向介绍

在演讲、报告、比赛、大型会议时，只需将主角介绍给广大参加者。

（三）省略式介绍

若一方人数较多，则可采取笼统的方式进行介绍，如“这是我的家人”“他们是我的同学”。

（四）拟定顺序介绍

若被介绍的不止两方，则需要对被介绍者进行位次排列。可以事先向大家说明排列的方法，如以单位模式或者以单位名称的英文字母顺序为准、以座次为准等。

任务实施

学生分组运用相关知识进行求职自我介绍，时长控制在 1 分钟以内；教师安排模拟面试场景，让学生进行模拟面试中的自我介绍，并让学生进行面试互评；教师统一点评学生自我介绍实施情况，并强调需要注意的问题。

任务二　名 片 礼 仪

名片使用的礼仪

两千多年前我国就出现了名片。名片在秦汉时叫“谒”，在汉末时叫“刺”，在唐朝时叫“名刺”，在宋朝时叫“门状”，在元朝时叫“拜帖”，在明清时叫“名帖”。名片已成为社会生活中必不可少的交际工具，既是一个人身份的象征，也是一个人的脸面。如果使用名片的方法不当，则不仅会引起尴尬，还会影响自己在别人心目中的印象。

一、名片的内容

名片的内容一般包括姓名、工作单位、职务、职称、通信地址等，有时还包括爱好、特长等情况。一般来说，要根据需要选择印在名片上的具体内容。

没有必要在名片上印照片，因为并不是所有拿到名片的人都会精心保存。一旦被丢弃，就会很尴尬。

名片的文字要美观、简洁，突出姓名和头衔，所印的职称不要超过两个。如果有对外的学术交流活动，则可在名片上印中外两种文字，正面为中文，背面为英文或其他外文。一般不在名片上留家庭地址和住宅电话。

二、名片的分类

名片可分为两类：一类是社交名片，另一类是公务名片。一般来说，社交名片的内容简单，只印姓名及联络方式即可。公务名片的内容更详细些，包括姓名、单位及地址、职务或职称、办公电话、邮编、邮箱等。

三、名片的语言

名片的语言讲究简洁明了、实事求是，要反映出个人的基本情况，以达到交际的目的。

四、名片的递送

递送名片时，采用基本站姿，双手用拇指和食指轻捏名片上端的两个角，将名片的正面朝向对方。递向对方时，要说“初次见面，请多关照”“非常高兴认识您”，并且面带微笑，友善地注视对方，目光不可游移或显得漫不经心（图 4-1、图 4-2）。

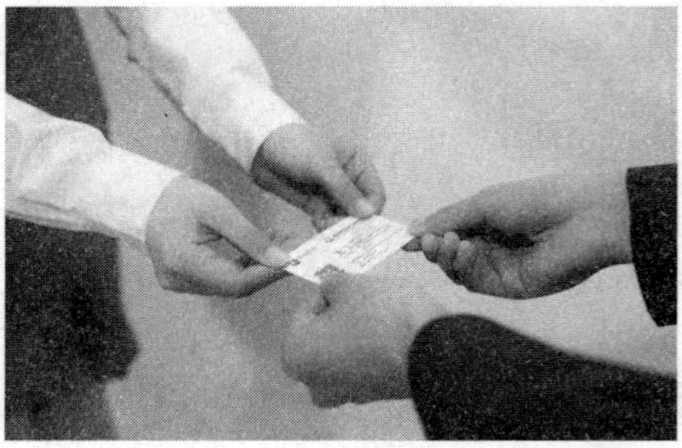

图 4-1　递送名片一

图 4-2　递送名片二

（一）递送名片的次序

递送名片应按照一定的次序，一般是地位低的人先向地位高的人递送名片，男士先向女士递送名片，尤其是在社交场合，女士不应首先递送名片。如果对方不止一人，则应先将名片递送给职务较高或年龄较大者，或者由近至远依次递送，并且要走到每个人身边双手奉上，切勿跳跃式地进行递送，以免给人以厚此薄彼之感。

（二）递送名片的时间

递送名片时，应把握好时机。与对方初次相识，进行自我介绍或别人为你介绍对方时可递送名片；双方交谈较融洽，表示愿意建立联系时，应递送名片；双方分别时，可顺手取出自己的名片递送给对方，以表示愿结识对方并希望再次相见，这样可加深对方对你的印象。

五、名片的接收

接收他人递过来的名片时，应尽快起身站立或欠身，面带微笑，用双手的拇指和食指接住名片的下方两角。接收名片时，态度要恭敬，使对方觉得你对名片很感兴趣，同时说“谢谢”“很高兴认识您”等客气话。接到名片时，要认真地看一下，然后郑重地放入自己的口袋、名片夹或其他稳妥的地方。不要接过对方的名片后一眼不看就随手放在一边，甚至会面结束时还忘拿，也不要在手中随意摆弄，这些都是对对方的不尊重。

六、名片的索取

（一）索取方式

在社交场合中，不应主动向他人索取名片，如果需要，则可选择一些委婉的方式。

方法一：主动递送。《礼记》中说“来而不往非礼也”，当你把名片递送给对方后，对方一般会回赠名片给你。

方法二：虚心请教。在索取对方名片之前稍做铺垫，以便索取名片。

方法三：直接询问。虚心请教是对地位高的人采用的方法，对平辈、晚辈用就不大合适。面对平辈和晚辈时，你可以说“怎么跟你联络比较方便”“认识你很高兴，希望以后有机会能跟你保持联络”。

（二）拒绝索取

当对方向你索取名片、你实在不想满足对方时，也可拒绝索取，但不可太直接。为了照顾对方的面子，你可以表达得委婉些，但不可以在同一个交际场合满足一个人索要名片的要求，却拒绝另一个人的要求，厚此薄彼是社交大忌。

七、名片的放置

要把自己的名片放在容易拿出的地方，不要将它与杂物混在一起，以免要用时手忙脚乱，来回翻找却找不出来。不要把名片放在钱包内、工作证内，甚至衣袋内，这是对名片主人的不尊重。应先把名片放置在专门收藏名片的名片盒或名片夹里，再放在手提包里。不要把别人的名片与自己的名片放在一起，否则慌乱中误将他人的名片当成自己的名片递送给对方，将会非常尴尬。当名片收集得比较多时，要把不常用的名片分类整理后放置在更大的名片册中，放在家里或办公室，以备不时之需。

任务实施

学生分组运用相关知识进行角色扮演；教师设定模拟情景，让学生模拟递接名片的准备与过程；各小组派代表进行任务总结汇报，并对其他组的工作进行点评；教师统一点评各组任务实施情况，并强调需要注意的问题。

任务三 握手礼仪

握手是人际交往与商务活动中常用的见面礼之一，握手是对对方表示欢迎、友好、祝贺、感谢、敬重、致歉等各种感情的方式。

一、握手的场合

在许多场合都可以行握手礼，如被人介绍与他人认识时、与人初次见面时、拜托他人帮助时、祝贺他人时、与他人告别时等。

二、握手的姿势

握手有两种姿势，一种是两人相距约一步，各自伸出右手，两人手掌相握，上下轻摇，稍微用力，一般握 2～3 秒为宜，同时眼睛要注视对方，用微笑或者简单的言语致意即可（图 4-3）。另一种是双手与人握手，这种类型的握手可以向对方传递一种更加真挚和深厚的情感。

见面问候的礼仪

图 4-3　握手的姿势

三、握手的次序

行握手礼时有先后次序，次序主要由握手双方所处的社会地位、身份、性别和各种条件来决定。握手的基本原则是位尊者有主动权，一般遵循以下握手礼仪。

1）上级先伸手，长辈先伸手，女士先伸手，主人先伸手，而下级、晚辈、男士、客人应先与对方打招呼，等对方伸手后，再伸手与之握手。若两人身份、年龄、职务相仿，则两人都可先伸手以示对对方的尊重。

2）当一人与多人握手时，应遵循先上级、先长辈、先主人、先女士的原则。

3）除了个别的特殊情况，一般不可拒绝握手，否则是非常不礼貌的行为。即使对方忽略了握手的先后顺序而先伸出了手，我们也应立即回握，避免尴尬。

4）在公务活动中，握手时伸手的次序主要取决于握手双方的职位、身份；而在社交、休闲场合，握手的次序则主要取决于握手双方的年纪、性别、婚姻状况。

四、握手的禁忌

不可用左手与他人握手，即使平时惯用左手、右手出汗了或者比较脏，也不可用左手与人握手，而应该亮出手掌向对方说明，并表示歉意。

握手时不要东张西望，也不能在与他人握手时跟旁边其他人打招呼。握手时间太短或碰一下就松开，容易被对方认为是敷衍、轻视的表现。

不要戴着手套与人握手，不要戴着墨镜与人握手，不要一边接电话一边与人握手。

除年老体弱或者行动不便外，不可坐着与人握手。

任务实施

学生分组运用相关知识进行角色扮演；教师设定工作情景，让学生模拟见面时的握手方式与语言，落实握手礼仪中的细节；各小组派代表进行任务总结汇报，并对其他组的工作进行点评；教师统一点评各组任务实施情况，并强调需要注意的问题。

任务四　称 呼 礼 仪

称呼是指人们在日常交往中所采用的彼此之间的称谓语。恰当的称呼不仅能让对方感到亲切、暖心，还能体现自身的素养。在日常生活中，往往一个称呼就能让对方感受到你的态度和你要表达的意思。因此，称呼他人一定要有技巧，既要区分场合，也要考虑被称呼者的个人习惯。

一、称呼中的泛尊称

当面对的是晚辈或者平辈时，可以直呼其姓名或名字的叠称，如可以叫张丽或者丽丽；如果是长辈，则不可直呼其姓名，可以利用姓氏+泛尊称来称呼，如王女士、李先生；也可以按其职务或职称来称呼，可以用姓氏+教授或博士来称呼，如黄教授、谭博士；如果对方有行政职务，则可以用姓氏+职位来称呼，如陈主任、刘书记、赵校长。

需要注意的是，“先生”这个称谓不仅可以用于男士，也可以用于女士，只不过被人称为“先生”的女士一定是德高望重、备受人们尊敬爱戴的女性，如人们喜欢称宋庆龄女士为“宋先生”，称杨绛女士为“杨先生”。在国际交往中，对男士的称呼通用先生；对于女士，则可以使用小姐、女士、夫人、太太。

称呼时，一定不要把别人的姓氏念错，如仇、解、任、单、尉迟等作为姓氏时易被读错。在交往中，把别人的姓氏念错会贻笑大方。

二、不恰当的称呼

不恰当的称呼易引起误会。有些称呼具有一定的地域性，如北京人爱称人为“师傅”，山东人爱称人为“伙计”。但是，在南方人听来，“师傅”等于“出家人”，“伙计”肯定是“打工仔”。中国人经常把孩子称为“小鬼”。但外国人则将“小鬼”理解为“鬼怪”“精灵”。因此，使用此类称呼时一定要注意地域性和场合。

任务实施

学生分组运用相关知识进行角色扮演；教师设定场景，让学生模拟见面时的称呼运用，落实见面称呼礼节；各小组派代表进行任务总结汇报，并对其他组的工作进行点评；教师统一点评各组任务实施情况，并强调需要注意的问题。

※ 注意事项

1）介绍时一定要弄清彼此的关系，明确介绍的目的。

2）介绍时要注意言辞有礼，遵循平等的原则。

3）介绍时还应注意眼神的交流和手势的配合，避免嬉皮笑脸、仪态不端，当然可以适当风趣。

4）介绍时，如果有名片，则应该先递送名片再做介绍。

5）不可将自己的名片像发牌一样扔发给每个人，名片并不是见人就发，这样会显得太过随便；不要用左手递名片；不要用手指夹着名片给别人；不要把别人的名片拿在手里把玩；不要在别人的名片上做谈话记录；不要在别人用餐时发名片。

思考与练习

1）在握手时需要注意哪些原则？

2）会面时不恰当的称呼有哪些？

3）会面时介绍他人的手势是什么样的？

学习评价

项目四学习评价表如表 4-1 所示。

表 4-1　项目四学习评价表

项目	评价内容	配分	组员姓名			
关键能力考核项目	遵守纪律，遵守学习场所管理规定，服从安排	10				
	学习态度积极主动，能参加学习活动	20				
	有团队合作意识，注重沟通，能自主学习及相互协作	20				
专业能力考核项目	熟练掌握会面的礼节	15				
	见面问候时的称呼与握手能自然完成	10				
	具有良好的职业素养	25				
小组评语及建议			组长签名： 年　月　日			
教师评语及建议			教师签名： 年　月　日			

项目五 通信与网络礼仪

引 言

随着信息技术的发展，特别是5G时代的到来，通信设备的功能从简单的通话和发短信发展为远程会议、远程学习、购物、休闲娱乐等多种模式。在现代职场中，通信设备成为人们沟通的桥梁和重要渠道。对于职场人士而言，它不可或缺，是传递信息、获取信息、保持联络的重要保障。我们在享受通信与网络所带来的便捷的同时，却发现烦恼不断：忙碌或参加会议的时候电话铃声突然响起，半夜被刺耳的铃声吵醒，邮箱里面成堆的垃圾信息……面对这些问题，如何在通信与网络上树立良好的个人形象和单位形象呢？本项目将从拨打电话礼仪、接听电话礼仪、手机礼仪、网络通信礼仪4个方面进行阐述。

※ 知识目标

1）了解通信与网络礼仪在职场中的重要性。

2）掌握在线会议的基本要求和原则，熟悉并遵守电子邮件礼仪。

※ 能力目标

1）掌握通信与网络礼仪的基本要求和规范，从而提升自我形象或企业形象，提升竞争力。

2）在职场中能够文明、礼貌、规范地接打电话和使用手机，在网络会议组织、发送接收电子文件等方面，能体现良好的个人素养。

※ 素质目标

1）培养学生良好的礼仪素养，养成自信、大方、有礼有节的人生态度。

2）培养尊重他人的观念，树立规则意识、公共意识，遵守网络文明公约。

任务一 拨打电话礼仪

接打电话的礼仪

一、电话形象

电话形象是指在使用电话时，拨打电话的人留给对方及其他在场者的总体印象。一般来说，它是由使用电话时的态度、表情、语言、内容及时间等各方面组合而成的。无论是在工作岗位上，还是在日常生活里，一个人的电话形象都体现着自身的修养和为人处世的风格。

电话形象能够帮助个人、产品、服务树立良好的形象。因此，在职场中，无论是个人还是企业都要特别注意树立良好的电话形象。通常情况下，电话形象由 4 个要素构成，即时间和空间的选择、通话的时长、通话的态度和通话的内容。

二、拨打电话

时间和空间的选择，即选择在什么时间、什么场合拨打电话。

（一）时间选择

为确保通话的质量，保证通话信息得到高效传递、事情得到有效解决，首先要考虑拨打电话的时间。一般来说，应该选择在效率高的时间拨打电话而不是别人不喜欢的时间拨打电话。

不要在休息时间拨打电话，除有要事必须立即通告外。事关紧急时，打通电话首先要致歉。在国内，休息时间是 22:00 至次日 8:00，拨打国际电话需要计算好时差。

不要在就餐时间拨打电话，因为企业或公司的用餐时间有限，且人多嘴杂，此时拨打电话未必好沟通工作。

不要在节假日拨打电话，除非提前有约定或有特别重大的事情需要处理。拨打电话礼仪的一个很重要的原则就是尊重，尊重别人，尊重别人的选择，因此要保证不在私人时间打扰对方。

（二）空间选择

拨打私人电话应该在家里或其他较为隐私的场合，拨打办公电话则应在办公室，不可公私不分，贪图小便宜。另外，在公共场合，特别是会议中心、影剧院、美术馆、餐厅等，不应拨打私人电话。

（三）通话的时长

电话打多长时间比较合适呢？一般来说，应该是把事情讲清楚、弄明白为止，但需要注意的是，在职场中，从相互尊重的角度出发，打电话的时间宜短不宜长。拨打电话礼仪有一个规则，就是通话 3 分钟原则。

什么是通话 3 分钟原则？即打电话时，拨打者应自觉地、有意识地将每次通话时间控制在 3 分钟内，不要超过这个限定。对通话时间的基本要求是：以短为佳，宁短勿长，如果没有遇到十分重要、紧急、烦琐的事情，则不宜通话时间过长。尊重时间，是尊重别人的最基本要求。

（四）通话的态度

通话的态度即通电话时的语言、声调、表情、态度、动作等。

通话时，应姿势端正，面带微笑，说话态度和蔼，语言清晰，既不装腔作势，也不娇声娇气，把美好的、明朗的心情传递给对方，给人留下有礼貌的印象。

（五）通话的内容

通话的内容是指通话过程中应该说什么。具体内容如下。

1）礼貌问候，自报家门。电话接通后，应先问候对方，然后自报家门，切忌吞吞吐吐、含糊不清、东拉西扯。自报家门有 3 种方式，一是报姓名，二是报单位+电话号码，三是报单位+部门+职位+姓名。要根据对象区分运用。

2）直奔主题，内容简明扼要。事先准备好谈话要点，避免通话过程中言之无物、条理不清、重点不突出或遗漏重要信息。可牢记 5W1H 技巧：①when，何时；②who，何人；③where，何地；④what，何事；⑤why，为什么；⑥how，如何进行。

3）结束通话，有礼有节。如果要提醒对方结束通话，则可以用适当的方式暗示对方，如先采用重复要点的方式，然后适时挂断电话。

需要注意的是，在打电话时谁应先挂断电话呢？原则是地位高者先挂电话，上级主管部门或领导先挂断电话，长辈先挂断电话。

任务实施

学生分小组讨论拨打电话需要注意的礼仪规范并进行归纳，各小组推荐代表进行总结汇报；教师根据各小组任务实施情况进行点评，并强调需要注意的问题。

任务二　接听电话礼仪

一、接听电话需要遵守的原则

1）铃响不过 3 声。这是接听电话的基本规则，要求及时接听电话，特别是有预约的电话，否则就是严重的失礼行为。在接听电话中，要避免两种极端行为，一是电话铃声一响就接，这会让对方还没有做好准备；二是听着铃声就是不接。因此，训练有素的职场人士，应该在铃声响起两三声后接听电话，这样显得井井有条、不慌不乱。如果因确实有事而延迟接听电话，则一定要主动致歉，向对方说："对不起，让您久等了。"

2）自我介绍。接听电话时，自报家门必不可少。自报家门就是自我介绍，其作用是便于对方确认是否打错电话，避免影响工作效率。自我介绍的方法在前面已经讲过，不再赘述。

3）认真倾听，做好记录。接听电话时，应注意使嘴和话筒保持 4 厘米左右的距离，把耳朵贴近话筒，仔细倾听对方的讲话，用左手接听电话的同时用右手准备纸笔，以便随时记录重要信息。结束接听电话后，应轻轻地把话筒放好，不可将话筒“啪”地一下扔回原处。

4）不要随便请他人代接电话。随便请他人代接电话是一种不礼貌的行为。如果来电者的目的是追究责任，请他人代接电话就会有逃避责任之嫌；如果来电者的目的是邀请参加某活动，请他人代接电话就有摆架子之嫌；如果来电者的目的是商讨问题，请他人代接电话就会有敷衍、推托之嫌；如果来电者的目的是试探，请他人代接电话就有拒绝之嫌。虽然我们不一定事先知道来电者的身份和目的，但随便请他人代接电话首先就是不重视来电者的表现。随便请他人代接电话还可能错过重要电话，让来电者心生疑虑。自己和他人约好的电话，更不应让他人代接，这是对来电者最基本的尊重。

不得已需要请他人代接电话时，应该告诉代接电话的人向来电者说什么。代接电话的人要首先告诉来电者他找的人不在，然后问来电者是谁、有什么事。如果自己有时间接听电话，则一定不要让他人代接电话。

5）电话掉线的处理。如果在接听电话过程中发现有电话掉线的可能，则要提前告知对方；如果电话突然掉线，则应主动将电话打回去，并向对方道歉，如“不好意思，×××，刚刚网络不好掉线了”。如果通话效果不好，则可与来电者约定其他时间再通话，避免信息接收不准确、不全面。

6）拨错电话的处理。首先，应礼貌问候；其次，把本机号码重复一遍，让对方验证号码；最后，咨询对方是否需要帮助。

二、多个电话的接听

如果同时有多个电话打进来，则可先接听其中一个，并明确告诉对方，会在 3 分钟后或其他时间给对方回复，不可同时接听多个电话。

任务实施

结合项目一，各小组设计一个职业情景进行拨打、接听电话模拟练习，注意通话的时长、通话的内容等；在任务实施过程中，各小组分别进行展示，后一个小组在展示时要对前一个小组的展示情况进行点评，指出其优点和不足；教师根据各小组任务实施情况进行点评，邀请优秀小组进行规范性地拨打、接听电话展示。

任务三　手 机 礼 仪

在现代生活中，手机是非常普遍的通信工具，能够使人们高效、便捷地交流沟通，及时快速地获取信息和发布信息。随着微信、QQ、微博、抖音、快手等网络平台的推广，手机更加成为人们不能缺少的工具。但是，无论是在社交场合还是在工作场合，放肆地使用手机都已经成为礼仪的最大威胁之一，人们越来越有必要遵守手机礼仪。什么是手机礼仪？就是平常使用手机时应该注意的一些细节。

在职场中，如何遵守手机礼仪呢？

一、手机存放位置

在没有使用手机时，要将手机放在合乎礼仪的正规位置：一是随身携带的公文包里，这种位置最正规；二是上衣的内袋里。也可以放在不起眼的地方，如手边、背后、手袋里，但不要放在前方的桌子上，特别是不要将手机对着正在聊天的客人，更不要一直拿在手里。

二、文明使用手机

（一）手机铃声或各类短信提示音设置

在相对比较安静的办公场合，对手机铃声或各类短信提示音的设置直接体现了手机使用者的公共意识。因此，应严格遵守以下规则：第一，不将搞怪或具有刺激性的声音设置为手机铃声；第二，不使用免提功能接听或拨打电话；第三，不在接听电话时大声喧哗；第四，尽量减少通话时长；第五，对特别电话应另行安排时间预约回复，避免情绪化；第六，将手机铃声音量尽量调小，将各类短信提示音静音，将办公电话呼叫转移至办公座机电话上。

特别提示，要将手机上的各类提示音设置为静音或振动，因为在办公区域或会场突然响起的手机提示音，会影响人们专注地工作，影响发言人的思路和会场秩序；与他人交谈时，突然响起的手机提示音会影响交谈者的心情，会给交谈者以不尊重人之感。

（二）会谈时的手机模式

在会议中或与别人洽谈业务的时候，应把手机关掉，或者将手机调到静音或震动状态（图 5-1）。这样既显示出对他人的尊重，又不会打断发言者的思路。

图 5-1　手机静音

（三）特殊的使用手机场合

有修养的人通常不会在公共场合、开车中、飞机上、剧场里、图书馆里接打手机，或在公交车上大声地接打电话。同时，在其他一些公共场合如楼梯、电梯、路口、人行道等地方，也不可以旁若无人地使用手机，而应该把自己的声音尽可能地压低，不能大声说话。在看电影时或在剧院里接打手机是极其不合适的，如果必须回复消息，则可采用静音的方式发送手机短信。

三、规范使用手机

在通话的整个过程中，无论是使用手机打电话，还是使用手机接电话，都应使用礼貌用语，遵守电话礼仪的相关要求。

任务实施

学生分小组讨论使用手机过程中存在哪些不文明行为、应如何避免出现不文明行为，要求采用思维导图形式展示讨论结果；小组推荐代表进行总结汇报；教师做总结点评。

任务四　网络通信礼仪

一、在线会议礼仪

为了满足全球化工作的需要，在线会议成为人们工作的必要工具和手段。在线会议虽然区别于传统的会议，不需要我们坐在同一个会议室里发表看法和观点，但是由于有些人不太注重在线会议的基本礼仪，出现了许多不雅的情况。因此，需要掌握并遵守在线会议礼仪。

（一）提前做好会议安排

我们一方面要提前做好会议安排，主要包括会议主题、会议时间、会议地点（会议室）、会议流程、发言时间控制、会议记录、录音录屏、资料保存等；另一方面要提前发放会议通知，确保参会人员全部知晓，并提前做好发言准备。如果有条件，则可进行一次预演（会务人员或发言人参与），特别是召开重要会议前应进行预演。

会议组织方和会务人员需要提前 10～15 分钟进入会议室，调试好会议平台，并在参会者进入会议室时表示欢迎。

参会者应提前下载软件并确保正确使用会议软件。参会者应提前5～10分钟进入会议室，修改自己的名字，调试好语音或视频，确保进入会议室时语音处于静音状态、视频处于关闭状态。在会议中需要参会者发言时或需要会议交流时，参会者可打开语音或视频。

参会者应尽量在相互封闭的环境中开会，保证在会议过程中不会被打扰或发出噪声打扰别人。

（二）注重个人形象

个人形象反映着个人的素养和个人真实的生活状态或工作状态，因此在在线会议期间，参会者依然要按照线下会议要求，确保自己衣着得体、干净整洁、端庄大方、精神饱满。

会议结束后，参会者应及时关闭语音或视频，退出会议室，注意保护自己或家庭的隐私。

二、电子邮件礼仪

电子邮件是利用计算机所组成的互联网络，向交往对象发出的一种电子信件。使用电子邮件进行对外联络，不仅安全保密、节省时间、不受篇幅的限制、清晰度高，还可以大大降低通信费用。发件人要站在收件人的立场考虑，尊重对方，将心比心，同时勿对别人过度期望，更不应对别人不屑一顾。

在电子邮件礼仪中，要遵守以下礼仪规范。

（一）主题

主题是收件人了解电子邮件的第一信息，因此撰写主题要提纲挈领，使用有意义的主题，让收件人迅速了解电子邮件内容并判断其重要性。注意，主题中不应有夸张的注释，如“!!!”“加急”“特别重要”等，如果确实是重要或加急的电子邮件，则可用电话强调说明。

（二）正文

1）称呼要恰当，通常称姓+职务，或姓+先生/女士，同时注意不要弄错性别。忌用“亲”“童鞋”等网络化称呼。

2）要有问候语，以示友好。若发件人与收件人是首次接触，则在正文开始前还需要介绍自己，即说明自己的职务、身份。

3）要简明扼要地说明事件背景，如果电子邮件有附件，则需要在正文中说明相关事项，如附件的主题、主要内容、数量等。

4）必须说明对收件人的要求，即发件人需要收件人收到邮件后做什么。一份有效的电子邮件应至少有一句祈使句，明确收件人所要做的动作，如“请回复”“请批准”等，发件人应在这些动词前加上所期望（或要求）的时限。

5）使用正式、规范、精准的语句，以减少歧义，少用口头语。在一般情况下，电子邮件可分 3 段，第一段开头介绍事件背景，第二段正文概括阐述主要事项内容，第三段总结或说明期望需求，或相关附件名称等。

6）正文版面应规范整洁，并使用企业 VI（visual identity，视觉识别系统）标准字体、字号，严禁使用奇异的字体，避免因字体变形而影响收件人阅读。发件人可以通过加粗、下划线等来突出要强调的内容，或用图表来说明重要内容。

（三）附件

为避免阅读障碍，收件人要使用常用文档格式的附件，如 WORD、EXCEL、PDF、JPG 等格式；附件的名称要精准规范，收件人应针对电子邮件要表达的意思对附件进行命名或改名，并保证附件名称与正文说明的附件名称一致。

（四）签名

每封电子邮件在结尾都应有签名，这样可以使收件人清楚地知道发件人的信息。使用电子邮件的签名档，会使电子邮件显得更加规范，也会提高拟写电子邮件的效率。电子邮件签名档应使用企业 VI 标准格式、字体、字号。

（五）电子邮件的查看与回复

1）应养成定时查看电子邮件的习惯，通过计算机、手机电子邮箱软件来管理电子邮件。

2）及时回复。收件人收到电子邮件后应第一时间回复，即使对于邮件中的事项内容没有马上处理或暂时无解决方案，也应回复发件人邮件已收到，并告知发件人最终回复的时间或结果。

3）收件人对发件人提出的问题不清楚或有不同意见时，应与发件人单独沟通。

任务实施

根据电子邮件礼仪要求，学生将课程学习总结以电子邮件的形式发送到教师指定的电子邮箱，注意要有主题、正文和附件 3 个部分；教师在下次课时对学生提交的电子邮件进行点评和总结。

※ 注意事项

1）作为职场人士，接打电话时一定要文明礼貌。例如，接打电话时主动地自报家门和确认对方身份；自己不是对方所找的人时，一定要请对方稍等，轻轻放下话筒，通知应接电话的人接听，切勿不放话筒就大喊：“×××，你的电话”。

2）结束通话时，原则上应让尊者先挂掉电话，如上级、长辈、客户等，由打电话的人结束谈话也可以。

3）在电话礼仪中，一定要多使用礼貌用语，要坚持用“你好”“请”“对不起”“谢谢”“再见”等礼貌用语。

4）在网络通信礼仪中，要诚实友好，不发布庸俗、格调低下的言论、图片、信息等，不发布违法违规信息。

思考与练习

1）接打电话时需要遵守哪些礼仪规范？

2）接听职场业务电话时，如何礼貌地挂断电话？

3）如何组织网络在线会议？需要做哪些具体的准备？

学习评价

项目五学习评价表如表 5-1 所示。

表 5-1　项目五学习评价表

<table>
<tr><th rowspan="2">项目</th><th rowspan="2">评价内容</th><th rowspan="2">配分</th><th colspan="4">组员姓名</th></tr>
<tr><th></th><th></th><th></th><th></th></tr>
<tr><td rowspan="3">关键能力考核项目</td><td>主动参与课堂互动和小组活动</td><td>10</td><td></td><td></td><td></td><td></td></tr>
<tr><td>能够以快速、高效、简便的方式将知识内化为自身能力</td><td>15</td><td></td><td></td><td></td><td></td></tr>
<tr><td>注重团队合作，能够服从、协调、配合小组工作</td><td>15</td><td></td><td></td><td></td><td></td></tr>
<tr><td rowspan="2">专业能力考核项目</td><td>熟练掌握接打电话和使用手机的礼仪规范</td><td>30</td><td></td><td></td><td></td><td></td></tr>
<tr><td>掌握在线会议的基本要求和原则，会安排和组织线上会议；熟练掌握电子邮件礼仪</td><td>30</td><td></td><td></td><td></td><td></td></tr>
<tr><td>小组评语及建议</td><td></td><td></td><td colspan="4">组长签名：
年　月　日</td></tr>
<tr><td>教师评语及建议</td><td></td><td></td><td colspan="4">教师签名：
年　月　日</td></tr>
</table>

项目六 餐饮礼仪

引 言

“民以食为天”，无论是中餐还是西餐，都有很多礼仪需要我们学习。本项目将通过对中餐礼仪、西餐礼仪、饮茶礼仪的讲解，使学生进一步了解餐饮礼仪。

※ 知识目标

1）了解中餐的座次礼仪和点菜技巧。
2）了解西餐的座次礼仪和上菜顺序。
3）了解中国茶文化中的礼仪。

※ 能力目标

1）能够规范地使用中餐餐具。
2）能够规范地使用西餐餐具。

※ 素质目标

1）培养学生养成良好的饮食习惯。
2）培养学生对中华传统美德的传承。

任务一 中餐礼仪

中餐礼仪

随着中西方饮食文化的不断交流，中餐不仅是中国人的传统饮食，还越来越受到外国人的青睐。看似平常的中餐，其用餐时的礼仪却很有讲究。我们小时候在家里用餐，父母都会教授一些礼仪，如请长辈先动筷子、不能敲碗、吃饭不能吧唧嘴等。下面介绍中餐礼仪。

一、中餐座次

中餐宴请客人，主陪一般坐在面对房门的位置，副主陪坐在主陪的对面，1 号客人坐在主陪的右侧，2 号客人坐在主陪的左侧，3 号客人坐在副主陪的右侧，4 号客人坐在副主陪的左侧，其他人可以随意。具体如图 6-1 所示。

有时候，也可以如图 6-2 这样排列座位。

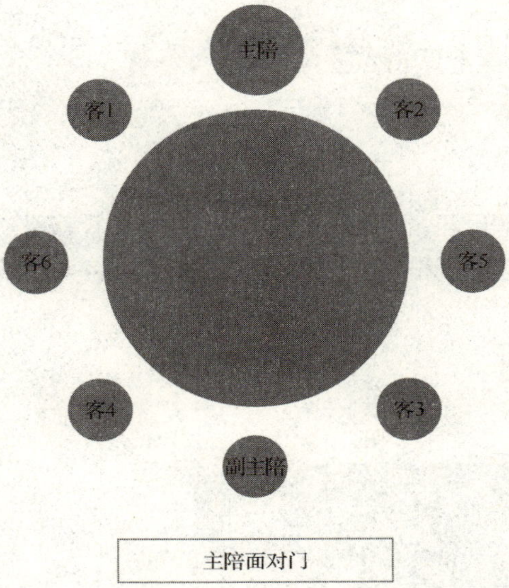

图 6-1 座次礼仪一

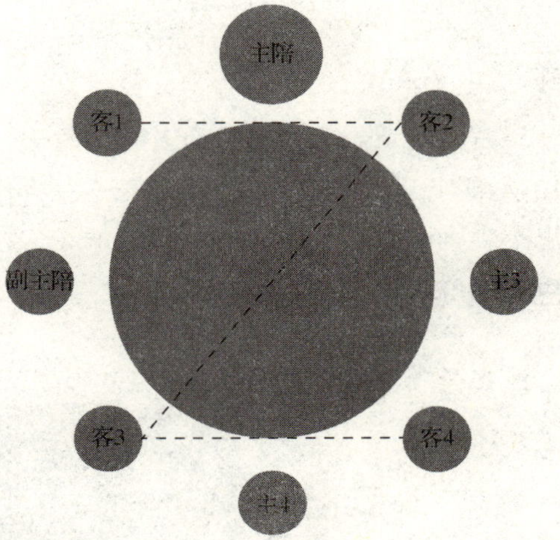

图 6-2 座次礼仪二

二、中餐点菜技巧

无论是家庭接待还是商务接待，用餐都是重要的组成部分。作为主人，需要掌握点菜的技巧。既让客人吃饱吃好，又不能铺张浪费，是点菜的重点所在。我们只需掌握 5 个要点就可以成为点菜达人。

（一）避开客人忌口的食物

点菜前一定要先确认客人有没有忌口的食物。很多人在饮食上有个人的习惯，如有的人不吃猪肉，有的人不吃牛肉，有的人对海鲜过敏，有的人不吃肉，因此为了避免尴尬，一定要避开客人忌口的食物。

（二）主要食材不重样

在食材的选择上，尽量多样，不要单一；在肉类的选择上，可以有多种选择，以照顾有不同饮食习惯的客人。

（三）菜品形式多样

中餐菜品形式多样，有炒、炸、煮、炖、焖、烤等，在点菜时，要考虑多种形式的菜品搭配，这样吃起来口感更全面。

（四）热多冷少

中国人吃饭讲究趁热，因此在点菜时，不要点太多凉菜，通常 10 人餐点两个凉菜比较合适。

（五）荤素各半

有的人喜欢吃肉，有的人喜欢吃素，为了照顾不同喜好的客人，点菜时荤素都要点。10 人餐应荤素各半，保证每人一菜，再点一道汤菜和一款小吃，这样既会让客人吃饱，也不会铺张浪费。

三、中餐餐具的使用礼仪

中餐餐具如图 6-3 所示。

图 6-3　中餐餐具

（一）筷子

1）筷子是用来夹取食物的工具。用筷子挠痒、剔牙或夹取食物之外的东西都是失礼的。

2）与人交谈时，要暂时放下筷子，不能一边说话一边挥舞筷子。

3）无论筷子上是否残留食物，都不要去舔。

4）不要把筷子竖插在食物的上面，因为在中国习俗中，只有在祭奠死者的时候才用这种插法。

（二）勺子

1）用筷子取食时，可使用勺子来辅助，但是尽量不要单独使用勺子取菜。

2）用勺子取食物时，不要舀取过满，以免食物溢出弄脏餐桌或衣服。

3）用餐期间，暂时不用勺子时，应把勺子放在自己身前的碟子上，不要把勺子直接放在餐桌上，更不要把勺子置于食物中。

4）即使取用的食物太烫，也不可用勺子搅来搅去，也不要用嘴对着勺子吹，应把食物先放到自己碗里，等凉了再吃。

5）注意不要把勺子完全塞到嘴里或反复舔食吮吸勺子。

（三）汤盅

汤盅是用来盛放汤类食物的工具。用餐时，使用汤盅将汤勺取出放在垫盘上并把汤盅盖反转平放在汤盅上，就表示汤已经喝完。

（四）盘子

1）在用餐时，一般要求盘子保持原位，且不要堆在一起。

2）盘子在中餐里主要用于暂放从公用的菜盘中取来的菜肴。使用盘子时，一般不要取放过多的菜肴。否则会使人看起来非常不雅。

3）不要将不吃的食物残渣如骨头、鱼刺吐在饭桌上，应将其轻轻取放在盘子的前端。

4）取放食物残渣时不要直接从嘴里吐到盘子上，而要使用筷子将其夹放到盘子前端。如果盘子放满了，则可示意服务员换盘子。

（五）水杯

1）中餐的水杯主要用于盛放清水、果汁、汽水等软饮料。注意不要用水杯来盛酒。

2）不要倒扣水杯。

3）不能将喝进嘴里的东西再吐回水杯。

（六）牙签

牙签也是中餐餐桌上的必备之物。它有两个作用，一是用于扎取食物；二是用于剔牙。但是用餐时尽量不要当众剔牙，非剔不行时，要用一只手掩住口部，对于剔出来的食物，不要当众“观赏”或再次入口，更不要随手乱弹、随口乱吐。剔牙后，不要叼着牙签，更不要用其来扎取食物。

（七）餐巾

中餐用餐前，服务人员一般会为每位用餐者上一块湿毛巾，这块湿毛巾的作用是擦手。擦手后，应该把它放回盘子里，由服务人员拿走。在宴会结束前，服务人员会再上一块湿毛巾，这块湿毛巾是用于擦嘴的，不能用其擦脸或抹汗。

（八）碗

拿碗时，应用左手的 4 个手指支撑碗的底部，将拇指放在碗上端。吃饭时，碗的高度应大致和下巴保持一致。

任务实施

学生分组运用相关知识进行情景展示；教师设定工作情景，让学生根据不同情景进行中餐就餐的情景模拟，并注意点菜、座次等细节；各小组派代表进行任务总结汇报，并对其他组的工作进行点评；教师统一点评各组任务实施情况，并强调需要注意的问题。

任务二　西餐礼仪

西餐礼仪

在欧洲，所有跟吃饭有关的事都备受重视，因为它同时提供了两种最受赞赏的美学享受——美食与交谈。除口感精致外，用餐时酒、菜的搭配，优雅的用餐礼仪，放松的心态，享受环境和美食的快感，正确使用餐具、酒具都是西餐的必修课。在西方国家去饭店吃饭一般要事先预约，在预约时要特别注意：首先要说明人数和时间，其次要表明是否需要位于吸烟区或视野良好位置的座位。如果是生日或其他特别的日子，则可以告知饭店宴会的目的和预算。在预约时间到达，是基本的礼貌，有急事时要提前通知饭店取消定位并道歉。不能随意穿着休闲服去高档西餐厅吃饭，穿着得体是去西餐厅的常识。去高档的西餐厅，男士要穿着整洁，女士要穿晚礼服或套装和有跟的鞋子。女士化妆要稍重，因为餐厅内的光线较暗。如果宴会指定穿正式服装，则男士必须打领带。进入餐厅时，男士应先开门，请女士进入，并请女士走在前面。入座、点酒时，应请女士来决定和品尝。

一、西餐座次

在西餐宴会上，人们所用的餐桌有长桌、方桌和圆桌，有时还会用餐桌拼成各种图案，但是最常见、最正规的西餐桌当属长桌。西方人非常重视餐桌礼仪，越是正式的场合，座次安排越重要。以长桌排位时，一般有两种方法，一种是男、女主人和男、女主宾在长桌中央对面而坐，餐桌两端可以坐人（图 6-4）；另一种是男、女主人分别坐于长桌的两端，男主宾坐于女主人右侧，女主宾坐于男主人右侧（图 6-5）。如果用餐人数较多，则可以把长桌拼成其他图案，以便妥善安排大家一起用餐。

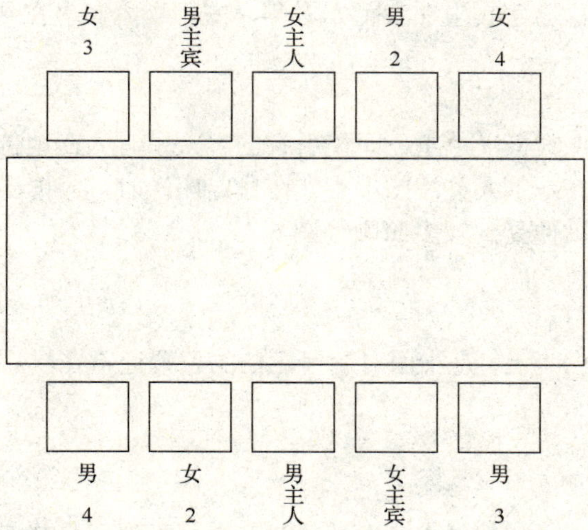

图 6-4 西餐座次一

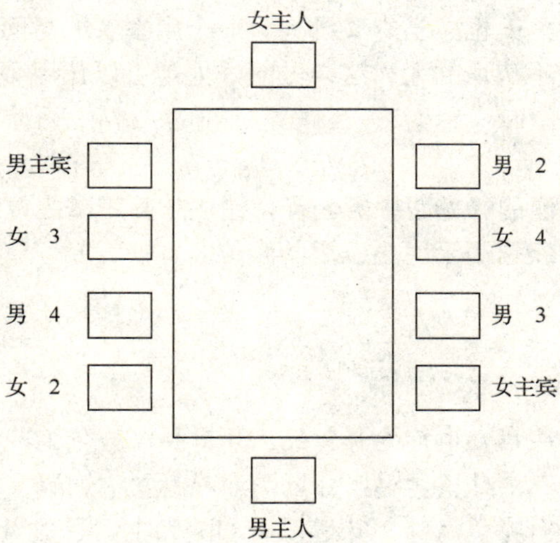

图 6-5 西餐座次二

在西餐座次安排中，应记住以下要点。

（一）女士优先

在西餐礼仪里，女士处处受到尊重。在排定用餐座次时，一般女主人就坐主位，而男主人则退居第二主位。

（二）以右为尊

在排定座次时，以右为尊是基本原则，就某一特定位置而言，其右侧之位高于其左侧之位。例如，应安排男主宾坐在女主人右侧，安排女主宾坐在男主人右侧（图 6-5）。

（三）恭敬主宾

在西餐礼仪里，主宾极受尊重。即使用餐的客人中有人在地位、身份、年纪等方面高于主宾，主宾也仍然是主人关注的中心。在排定座次时，应请男、女主宾分别紧靠女主人和男主人就座，以便受到较多照顾（图 6-4）。

（四）面门为上

面门为上又叫迎门为上，是指面对餐厅正门的位置通常在排座次的序列上要高于背对餐厅正门的位置。

（五）交叉排列

用中餐时，用餐者经常与熟人，尤其是与恋人、配偶一起就座。但在用西餐时，这种情景便不存在了。正式的西餐宴会一向被视为交际场合，因此在排列座次时，男女应当交叉排列，陌生人与熟人也应当交叉排列。一个用餐者的对面和两侧往往都是异性，还有可能是不熟悉或者不认识的人。这样做的好处是可以让用餐者广交新朋友。

（六）距离定位

一般来说，西餐座次的尊卑跟中餐一样，往往与其距离主位的远近密切相关。在通常情况下，距主位近的座位高于距主位远的座位。

二、西餐上菜顺序

（一）头盘

西餐的第一道菜是头盘，也称为开胃品。开胃品一般分为冷头盘和热头盘，常见的菜品有鱼子酱、鹅肝酱、熏鲑鱼、鸡尾杯、奶油鸡酥盒、焗蜗牛等。因为头盘的目的是开胃，所以菜品一般具有特色风味，味道以咸和酸为主，且数量较少，质量较高。

（二）汤

与中餐不同的是，西餐的第二道菜就是汤。西餐的汤大致可分为清汤、奶油汤、蔬菜汤和冷汤 4 类。汤的品种有牛尾清汤、奶油汤、海鲜汤、美式蛤蜊浓汤、意式蔬菜汤、俄式罗宋汤、法式焗葱头汤、德式冷汤、俄式冷汤等。

（三）副菜

鱼类菜肴一般被作为西餐的第三道菜，也称为副菜。鱼类菜肴的品种包括各种淡水鱼类、海水鱼类、贝类及软体动物类。鱼类菜肴与蛋类、面包类、酥盒类菜肴都称为副菜。因为鱼类菜肴的肉质鲜嫩，比较容易消化，所以将其放在肉类菜肴的前面，在叫法上也和肉类菜肴有区别。西餐中吃鱼类菜肴时，讲究使用专用的调味汁，其品种有荷兰汁、酒店汁、白奶油汁、大主教汁、美国汁和水手鱼汁等。

（四）主菜

肉、禽类菜肴是西餐的第四道菜，也称为主菜。肉类菜肴的原料包括取自牛、羊、猪的各部位的肉，其中最有代表性的是牛肉或牛排。牛排按其取自的部位不同又分为沙朗牛排（也称西冷牛排）、菲利牛排、T 骨型牛排、薄牛排等。牛排的烹调方法有烤、煎等。肉类菜肴配用的调味汁主要有西班牙汁、浓烧汁精、蘑菇汁、班尼斯汁等。禽类菜肴的原料取自鸡、鸭、鹅。禽类菜肴品种有山鸡、火鸡、竹鸡，烹调方法有煮、炸、烤、焖，其主要的调味汁有黄肉汁、咖喱汁、奶油汁等。

（五）蔬菜类菜肴

蔬菜类菜肴可以被安排在肉类菜肴之后作为第五道菜，也可以与肉类菜肴同时上桌，因此可以将其和肉类菜肴视为一道菜，或将蔬菜类菜肴称为一种配菜。蔬菜类菜肴在西餐中称为沙拉。与主菜同时上桌的沙拉，称为生蔬菜沙拉，一般由生菜、西红柿、黄瓜、芦笋等制作而成。沙拉的主要调味汁有醋油汁、法国汁、千岛汁、奶酪沙拉汁等。沙拉除了蔬菜，还有用鱼、肉、蛋类制作的，这类沙拉一般不加调味汁，在进餐顺序上可以作为头盘食用。还有一些蔬菜是熟食的，如花椰菜、煮菠菜、炸土豆条。熟食的蔬菜通常与主菜的肉食类菜肴一同上桌，可称为配菜。

（六）甜品

西餐的甜品是在上主菜后食用的，可以算作第六道菜。它包括所有主菜后的食物，如布丁、冰激凌、奶酪、水果等。

（七）咖啡、茶

西餐的最后一道程序是上咖啡或茶。饮咖啡时一般要加糖和淡奶油。饮茶时一般要加香桃片和糖。

三、西餐餐具的使用礼仪

第一次吃西餐的朋友，可能会对面前琳琅满目的餐具无从下手，其实只要掌握西餐餐具的使用要点，就不会“出洋相”了。下面介绍西餐餐具的使用礼仪。

（一）餐巾的使用

餐巾主要用于预防调味汁滴落弄脏衣物，还可以用来擦拭嘴巴。客人吃了油腻的食物后满嘴油渍，若以这副模样与人说话，则委实不雅。在餐厅，如果一开始就将餐巾打开，则是违反餐桌礼仪的，通常应在点完料理后将餐巾打开。将餐巾打开后对折，并将开口朝外置于膝上。对折的目的在于防止餐巾滑落，而开口朝外是为了方便拿起擦拭嘴巴。对于经常会弄脏衣服前襟的人来说，餐巾除了用来擦拭嘴巴、手，也可以在吐出鱼骨头或水果的种子时，用来遮住嘴巴。另外，在饮用饮料之前，也可利用餐巾擦拭嘴唇。擦拭嘴巴时，应先用餐巾的末端顺着嘴唇轻轻抹一下，然后将弄脏的部分往内侧卷起。用餐时切记不要用餐巾来擦汗或擦鼻涕。涂了口红的人应在用餐前以面纸轻轻抹去口红，但不能将口红印在餐巾上。切记一定不要将餐巾夹在衣领处。

暂时要离开座位时，应轻轻地将餐巾折好，很自然地放在餐桌上。千万不要把餐巾挂在椅背上或揉成一团放在桌子上。吃完甜点后，就可以将餐巾拿掉。用餐完毕要站起来时，应先将腿上的餐巾拿起，随意叠好放在餐桌的左侧，然后起身离座。如果站起来后才甩动或折叠餐巾，就不合乎西餐礼仪。用完餐巾后无须折叠得太过整齐，但也不能随便搓成一团。如果有主宾或长辈在座，则一定要等他们拿起餐巾折叠时再跟着动作。

（二）刀叉的使用

拿刀叉的标准方法是：将刀柄和叉柄握于掌心，注意不能使其突出外露，切食物时不能打开腋窝，否则就显得粗俗了。

最标准的刀叉使用方法是：用两食指分别顶着刀柄和叉柄（图 6-6）。

图 6-6　刀叉的使用

左叉右刀是使用西餐餐具的基本礼仪，如果是左撇子，则可以视情况而定。在西餐中至少有 3 副刀叉，只要记住从外侧向内侧使用，一道菜换一副刀叉，就不会出错。

（三）酒杯的分类及使用

西餐的酒杯主要分为红葡萄酒杯、白葡萄酒杯、香槟杯、鸡尾酒杯、柯林杯、白兰地酒杯、威士忌酒杯。西餐中除了酒杯还有水杯、果汁杯、冰激凌等。下面按照用餐时酒的饮用顺序来介绍其特点。

1. 餐前酒

大约在用餐前半小时饮用餐前酒。大多在客厅饮用餐前酒，饮用餐前酒比较随意，饮用时可以坐着，也可以走动。饮用餐前酒主要是为了开胃，因此应选择一些喝了可以刺激胃口、增加食欲的饮料。

2. 餐中酒

餐中酒在用餐过程中饮用，专门为主菜而配，有红酒和白酒之分，不过西餐中的红酒和白酒指的都是葡萄酒。红葡萄酒是配“红肉”饮用的，如羊肉、牛肉、猪肉等。红葡萄酒不可以加冰饮用，餐桌上那个最大的酒杯就是红葡萄酒杯。白葡萄酒主要配白肉，如鱼肉、鸡肉等。

3. 餐后酒

餐后酒又叫利口酒，是在餐后饮用的饮品，这种酒含糖量比较高，口味偏甜，喝了之后有帮助消化的作用。

酒杯的拿法也是有讲究的。葡萄酒需要低温窖藏，因为温度会影响酒的口感。当拿葡萄酒杯的时候，不要用手掌去握住杯身，用手指握住杯颈即可（图 6-7）。需要注意的是，倒酒的时候不能倒太多，通常倒酒杯的 1/3 即可。

图 6-7　餐后酒

通过本任务的学习，相信大家对西餐礼仪已经不陌生了，我们可以通过一次正式的西餐进一步了解西餐的礼仪。

任务实施

学生分组运用相关知识进行情景展示；教师设定工作情景，让学生根据不同情景进行西餐就餐的情景模拟，并注意点菜、座次、餐具使用等细节；各小组派代表进行任务总结汇报，并对其他组的工作进行点评；教师统一点评各组任务实施情况，并强调需要注意的问题。

任务三　饮 茶 礼 仪

饮茶礼仪

中国是茶的故乡，有着悠久的种茶历史，有着严格的敬茶礼仪，还有着奇特的饮茶风俗。中国饮茶已有几千年的历史了。茶礼有缘，古已有之。“客来敬茶”是中国人重情好客的美德表现与礼仪。直到现在，客人到家，我们总要沏上一杯香茗。举办喜庆活动，我们也喜用茶点招待。开个茶话会，既简便经济，又典雅庄重。有一个词语“屈指代跪”，就是指在别人给你倒茶时，你要把右手食指、中指并拢，自然弯曲，以两手指轻轻敲击桌面。这种茶俗相传起源于清朝乾隆年间。众所周知，乾隆曾经七下江南，是个爱玩的皇帝，有一次在江南茶馆喝茶，他一时兴起抓起茶壶给臣子们倒水，这可把大家吓坏了。按当时规矩，无论皇帝给什么东西都属于赏赐，接受者要跪下谢恩，但在公共场合，又不想暴露身份，怎么办？情急之下，一个大臣想出了主意，就是上文所说的“屈指代跪”，大家也都跟着学了，不想竟成了一种茶俗。别人给你倒茶的时候，总要有点小动作以示感激，一般有两种方式：以手扶杯，至少有一个扶杯子的趋势；用手指轻击一下桌面。但都无须刻意，礼的本质在于心。

喝茶的时候，有一些礼仪是需要注意的，下面从几个方面来具体探讨。

一、喝茶前礼仪

虽然茶道里面讲究客随主便，但喝茶的人多了，自然应该遵循一定的原则。面对主人，主人的左手边是尊位，顺时针旋转，直到主人的右手边，无论茶桌上的形式如何，这都是不变的座次原则。

尊位的第一顺序为：老年人、中年人、比自己年龄大的人。其中师长、长者为尊，如果客人年龄相差不大，则女士优先坐尊位。

客人重要的礼仪是答礼，也称回礼。所谓第一道礼节，是指主人冲泡了第一泡茶品请客人品尝时，客人应第一次回礼。

正式的、正规的客人第一次回礼是这样的：起身，男士抱拳（注意：抱拳者右手握拳，左手抱上去），女士双手合十，一躬，坐下，双手接过茶杯（或者双手捧起茶杯）先闻香，再慢慢啜茶一口，放下茶杯，口中称赞主人。一躬，躬身行礼，躬身越低，表示对主人越尊敬，主人是长辈、客人是晚辈时，躬身应该至少为45°。

二、喝茶中礼仪

喝茶过程中，客人重要的回礼是叩指礼，又叫屈指代跪。这个礼仪的由来前边已经解释过。喝茶忌“一口闷”或者“亮杯底”。喝茶时严禁抽烟，实在忍不住了，也应该在喝了五泡茶之后，征询一下主人的意见，得到同意后方可吸烟。刚坐下就发烟的人，会被视为失礼。

（一）茶具要清洁

客人进屋后，主人先让座，后备茶。在冲茶之前，主人一定要把茶具洗干净，尤其是久置未用的茶具难免沾上灰尘、污垢，更要细心地用清水洗刷一遍。在冲茶、倒茶之前，应用开水烫一下茶壶、茶杯。这样既讲究卫生，又显得彬彬有礼。使用一次性杯子时，主人应在倒茶前给一次性杯子套上杯托，以免水热烫手，让客人一时无法端杯喝茶。

（二）茶水要适量

放置的茶叶不宜过多，也不宜太少。若茶叶过多，则茶味过浓；若茶叶太少，则冲出的茶没有味道。如果客人主动介绍自己喜欢喝浓茶或淡茶，则应按照客人的口味把茶冲好。倒茶时，无论是大杯还是小杯，都不宜倒得太满，太满了容易溢出，把桌子、凳子、地板弄湿，如果不小心，则可能会烫伤自己或客人。当然，也不宜倒得太少。如果茶水只遮过杯底，会使客人觉得主人不是诚心实意。

（三）端茶要得法

按照我国的传统习惯，主人应用双手给客人端茶。双手端茶时要注意，对有杯耳的茶杯先用一只手抓住杯耳，再用另一只手托住杯底，把茶端给客人。没有杯耳的茶杯倒满茶后杯身滚烫，双手不好接近。这种情况下，主人可使用杯托，而不能用五指捏住杯口边缘往客人面前送，因为这种端茶方法虽然可以防止烫伤事故发生，但很不雅观，也不够卫生。可以用右手握住茶杯中部，用左手托住茶杯底部，将茶杯递送至客人面前的桌面上，不要直接递送至客人手中，否则客人不好接收，容易烫伤。

（四）添茶要及时

如果上司和客户的茶杯里需要添茶，则既可以亲自给他们添茶，也可以示意服务人员来添茶。让服务人员把茶壶留在餐桌上，由自己亲自来添更好，更能够表达尊重。当然，添茶的时候，要先给上司和客户添茶，再给自己添，这样能体现出对上司和客户的尊重。

（五）饮茶的注意事项

1. 酒满敬人，茶满欺人

因为酒是冷的，所以客人接酒杯不会被烫；而茶是热的，倒满的茶杯很烫，会让客人的手被烫，有时还会因受烫而使茶杯掉下打破，给客人造成难堪。所以，为客人斟酒时必须要添满，以示对客人诚挚的情意。而为客人斟茶时，则是倒至七分满为恰到好处。

2. 先尊后卑，先老后少

在第一遍斟茶时，要先敬尊老、后敬卑幼，第二遍斟茶时就可按序斟上去。在敬茶时除了论资排辈，还可以先敬客人再敬自家人。

3. 无茶色

主人待茶，茶水从浓到淡，数冲之后便要更换茶叶。如果不更换茶叶，就会被人认为无茶色。无茶色指茶已无色还在冲，是对客人冷淡、不尽地主之谊的表现。

任务实施

学生分组运用相关知识进行情景展示；教师设定工作情景，让学生根据不同情景进行饮茶的情景模拟，并注意座次、喝茶礼仪等细节；各小组派代表进行任务总结汇报，并对其他组的工作进行点评；教师统一点评各组任务实施情况，并强调需要注意的问题。

※ 注意事项

1）用餐中的礼仪能够体现出个人的修养和家风，可以对照本项目的用餐礼仪，改掉不好的用餐习惯。

2）吃西餐的时候，如果对西餐礼仪不够熟悉，则不要慌乱，可以观察一起用餐的朋友，或者大方向朋友请教西餐的礼仪，这样会比不懂装懂显得更真诚。

思考与练习

1）中餐的礼仪有哪些？

2）使用西餐餐具时应该注意哪些细节？

3）简述喝茶的礼仪。

学习评价

项目六学习评价表如表 6-1 所示。

表 6-1 项目六学习评价表

项目	评价内容	配分	组员姓名			
关键能力考核项目	遵守纪律，遵守学习场所管理规定，服从安排	10				
	学习态度端正，积极主动地参与课堂活动	10				
	有团队合作意识，注重沟通，有自主学习意识	10				
专业能力考核项目	能够熟练安排中餐座次	20				
	能够熟练且正确使用中餐餐具	20				
	掌握西餐的上菜顺序	20				
	掌握饮茶的基本礼节	10				
小组评语及建议			组长签名： 年　月　日			
教师评语及建议			教师签名： 年　月　日			

项目七 接待礼仪

引 言

职场人士在日常工作中难免需要接待来自各方的客人，且接待客人通常在工作中居于十分重要的位置。日常接待工作看似简单，却会给客人留下各种不同的印象——对公司的印象、对部门工作的印象、对公司员工素质的印象等。这些印象的好坏，直接关系到公司事业的顺利与否。

接待客人要求礼仪当先、以礼待客，即礼宾，尤其要认真接待远道而来的客人或者身份重要的客人。礼宾具体涉及如何迎送客人及由谁迎送、如何招待宾客、陪客人聊什么等。本项目主要介绍迎送礼仪、正式会晤礼仪、交通工具礼仪，以及前台工作人员日常接待礼仪。

※ 知识目标

1）了解迎送礼仪的流程。
2）了解迎送方案涵盖的内容。
3）了解正式会晤礼仪的流程和注意事项。
4）了解安排不同交通工具座次的方法。
5）了解前台工作人员日常接待的流程和注意事项。

※ 能力目标

1）能制订完整的迎送方案。
2）能根据接待情况合理安排交通工具。
3）能够按照迎送方案完成迎送任务。
4）能够完成正式会晤工作的准备任务。
5）能够完成会晤中的茶水服务任务。
6）能够完成前台日常接待工作。

※ 素质目标

1）培养学生良好的沟通能力。
2）培养学生良好的服务意识。
3）培养学生热情、耐心、细致的品质。

任务一　迎送礼仪

对于具体的礼宾活动而言，迎送工作至关重要。迎，是指对客人的迎接，良好的迎接工作往往会使客人对接待方留下良好的第一印象。送，是指对客人的送别，良好的送别工作有助于礼宾工作圆满完成，令客人始终保持对接待方的良好印象。“迎”“送”工作缺一不可。

一、了解客人的情况

无论是迎接还是送别客人，都要求有关人员了解客人的具体情况。通常情况下，客人的基本情况、来访目的、具体要求等，是做好迎送工作的重要参考内容。如果对此一无所知、知之甚少或者一知半解，就有可能直接或间接地影响迎送工作的顺利开展。

（一）客人的基本概况

了解客人的基本概况会使准备工作更加充分，并且可以尽可能地满足客人的需要。了解客人的基本概况，包括以下两个方面。

1）客人的总体状况。这包括被迎送者的具体人数、性别构成、年龄分布、来访性质，以及宾主双方的关系等内容。

2）主宾的情况。在了解客人总体状况的同时，必须对主宾的主要情况进行了解，包括主宾的姓名、性别、年龄、籍贯、民族、家庭、单位、职务、职称，以及性格特点、工作能力、政治信仰、文化程度、业余爱好、社会评价等。

（二）来访目的

凡正式的来访，客人必定有备而来，有来访的目的。对于来访目的，有的客人会告知接待方，有的则会半遮半掩，甚至含而不露、声东击西。对于客人来访的目的，接待方应多了解、早了解、全面了解，了解得越具体越好。唯有如此，接待方才能在迎送对方时采取恰当的方案，表现得恰到好处、不卑不亢。

（三）具体要求

客人与接待方进行有关来访的沟通时，可能会明确告之其来访目的，但不一定提及来访的具体要求。在准备迎送活动时，接待方应主动征求客人的意见。对于客人率先提出的具体要求，接待方应当尽量考虑并努力给予满足。

有些时候，在迎送活动结束后，客人可能对个别环节持有异议或提出意见、建议。此刻，接待方应本着“有则改之，无则加勉”的原则，虚心接受，诚恳相待，并且及时地总结经验、修正错误、改进不足。

二、制订迎送方案

高度重视是完成接待工作的前提，一次具体的迎送活动，若想按部就班、循序渐进、一帆风顺地进行，就必须制订一份详尽而完备的方案和计划。

制订专门的计划和方案，主要用于十分正式的迎送活动。这种迎送活动一般规格较高，其迎送对象十分重要。正式制订的迎送方案涉及迎送活动的每项具体工作，并且决定着迎送活动的规模与成败，主要包括以下内容。

（一）接待规格

接待方要根据活动性质、客人的身份等确定接待规格。接待规格主要分为对等接待、高规格接待与低规格接待。

1）比较正式的活动，要根据身份对等的原则确定迎送人员，也就是主客双方人员的职务、身份大致相似，即对等接待。

2）比较重要的活动，要选择身份较高的人员来完成迎送工作，也就是主方人员的职务、身份要比客方人员高一些，即高规格接待。

3）一般性的日常交往，接待方可以选择职务、身份偏低的人员来完成迎送工作，即低规格接待。

（二）时间

在迎送时间的安排上，要遵守两个原则：一是主客双方应提前协商，考虑主客两便；二是时间要精确具体。在具体计划中，迎送活动的每项具体程序均应精确到以分为基本计时单位，并应标明具体的年、月、日、时、分。

具体的时间安排包括两点：一是迎送活动的起始时间，即迎送活动持续多久；二是每项活动的时间分配。

（三）确定参与人员

制订迎送计划时，首先要确定接待方到达现场的具体人员。在安排接待方到达现场的具体人员时，要明确安排以下人员。

1）主人。主人即迎送活动的主持者，通常也是接待方到场人员中的身份最高者。

2）陪同人员。除主人外，接待重要客人或外地客人时，还要确定参与活动的陪同人员。

3）翻译。迎送外宾或少数民族人士时，应该安排翻译人员。

在安排迎送人员时，不仅要选择精兵强将，还要将任务安排到人，做到分工明确、责任具体，使迎送人员各司其职。

（四）地点

在正常情况下，一个单位对于迎送客人的地点，有以下 3 种选择。

1）办公地点。在单位所在地的楼前、门口或会客室迎送客人，较为多见。

2）住宿之处。迎送活动也可安排在客人的住宿地点。

3）交通枢纽。对于远道而来的客人，多在其抵达或离去的车站、码头或机场举行迎送活动。

活动场地的选择要考虑以下两个问题。

1）是否具备举办迎送活动的基本条件。例如，是否符合安全要求，是否有足够的空间、座席，是否有良好的环境，温湿度和通风条件是否与常规要求相适应，是否能提供所需的饮水处、卫生间及其他各项设施。

2）在安排室外活动时，必须考虑天气因素。

在活动场地选定后，应事先对现场进行考察。

一般而言，对于比较重要的客人，接待方应该主动安排车辆上门去迎接，如到酒店、机场，或者客人家里去迎接；对于一般性的客人，接待方可以在办公楼门前、电梯口，或者办公室的门口迎接。也就是说，根据客人重要性的不同，接待方应采取不同的迎接方式。如果在办公室里迎接客人，则客人来时接待人员一定要起身相迎，即使工作再忙，也要站起来迎接客人。

（五）设备

制订迎送活动方案时，对于重要的、必需的设备如交通、通信、视听等设备，接待方一定要考虑在内。

准备迎送活动的具体设备时，要注意以下 3 点：一是有备无患，不可现场东拼西凑；二是提前调试，确保设备正常运行；三是专人负责，这是为了做到责任明确。

（六）着装

不同性质的迎送活动需要不同的着装。根据接待活动的需求，接待方要提前对迎送人员的服装做出要求，并通知主客双方的参与人员，如会见与宴请中的着装要有所不同。

（七）标志

标志包括横幅、路标、席位卡、宴会座位卡、宴会席位图、胸卡、请柬等。在制作标志时要考虑文字、图案、大小是否合适，是否清晰，还要考虑标志是否美观。

（八）媒体宣传

制订迎送活动方案时要考虑是否对活动进行宣传，对于重大的迎送活动，接待方可通过媒体对外进行宣传报道，以扩大其影响。

安排媒体进行采访报道时，必须认真做好以下工作。

1）对外统一口径，备有正式的新闻稿供媒体参考。

2）指定专人负责，无论是先期联络还是现场接待，都应由专人负责。

3）真诚对待媒体，向媒体提供的任何信息，均应真实无欺。

4）积极配合媒体，对媒体的采访报道，要认真配合。

（九）膳宿

在迎送方案中，对客方的膳宿安排既要严守规定，又要讲究主随客便。接待方要提前了解客人的习惯，并通过协商与客人达成共识。尤其在个人禁忌、民族禁忌、宗教禁忌等问题上，接待方不要掉以轻心。

（十）经费

对于经费的使用，要考虑本单位的实际情况，严格执行上级规定，力求少花钱、多办事、办好事。

（十一）礼品

礼品是迎送方案中不可缺少的部分。例如，会见时主方是否安排赠礼，可以参考客方是否安排赠礼。如果客方没有安排赠礼，则主方可以免去赠礼的环节。反之，则主方一定要安排赠礼。

（十二）安保

制订迎送方案时，要对安全问题高度重视，尤其是筹备规模较大的迎送活动时，必须将安保工作列入正式的计划之中。就重大的迎送活动而言，安保工作的重点有以下 4 点。

1）提前向当地公安机关报告。

2）做好现场的秩序维护。

3）预防各种突发性事件的发生。

4）对重点人员进行随身警卫。

三、陪同引导

接待方对客人的迎送不仅要隆重、热烈，还要展示本单位的良好形象。因此，从事具体迎送活动的每位职员，在直接与客人接触尤其是在陪同或引导客人时，都要通过自己的言行举止体现本单位的良好形象和自身的良好教养。

就一般情况而言，在迎送客人的过程中，引导或陪同人员务必重视以下方面。

（一）待客三声

在迎送客人时，接待方的全体人员，尤其是直接接触客人的陪同或引导人员，不宜始终默默无语。在面对客人时，有3句基本的礼貌用语，称为“待客三声”。

1）来有迎声。当客人抵达时，必须主动迎上去，向对方致以热情问候。陪同或引导人员应首先确认对方的身份，免得张冠李戴。

2）问有答声。在引导或陪同客人的具体过程中，除需要向客人介绍有关情况外，陪同或引导人员不应主动与客人攀谈，但对于客人的提问，必须“有问必答”，不宜说“不”。对于难以作答的问题，应当限时回答，限时一到，应按时予以答复。

3）去有送声。当客人离去时，无论是否远送，都应向其正式道别。因故不能到场者，亦应打电话或委托他人向客人道别，以示自己在礼待客人上有始有终。

（二）热情三到

在迎送活动中，向客人道“三声”较为容易。但要想使客人真正感受到接待方的热情，则“三到”必不可少。

1）眼到。在直接接触客人，尤其是在为客人服务或与客人交谈时，一定要以专注、友善、谦恭的目光同客人进行交流。不注视客人，目光游走不定，斜视、盯视或者俯视对方，均为失礼之举。

2）口到。当陪同或引导人员为客人服务时，在具体的语言交流方面应注意两点：一是消除沟通障碍，通常应讲普通话或客人所熟悉的语言；二是坚持因人而异，与客人交流时要根据对方的情况采取不同表达方式。

3）意到。陪同、引导人员的表情与神态，均应与当时的情形相符，即意到。具体而言，在迎送客人时，陪同或引导人员必须神态自然、表情大方，并善于互动。

目前，在国际社会中待客标准有所谓“3S”一说，即“stand”（站起身来）、“see”（目视对方）、“smile”（面带微笑）。一般而言，“3S”是迎送客人时不可或缺的礼仪规范。

（三）讲究位次

具体进行迎送操作时，主客双方的前后、左右等位次均有讲究。陪同或引导人员在引领的过程中，要行走在客人左前方1米处，并将左臂抬起，四指并拢，拇指自然轻靠食指旁且不内扣，指向行进方向。

在行进过程中要关照客人，在遇到转弯、上电梯等情况时，适时提醒客人。在引领中，陪同或引导人员还要注意自己与客人的位置变化。

1）大堂的引领。在大堂引领时，陪同或引导人员要行走在客人外侧1米处，也就是要走在距离墙比较近的位置。

2）楼梯的引领。在上楼梯时，陪同或引导人员要走在客人的后边。在下楼梯时，陪同或引导人员要走在客人的前边，总之，陪同或引导人员要走在楼梯的低处（图 7-1）。若男士与着短裙的女士同行，则可请女士处于楼梯居下的位置，避免女士尴尬。

3）电梯的引领。在乘坐无人控制的电梯时，陪同或引导人员要先进入电梯，然后让其他人按照“尊者先行”的顺序依次进入电梯。到达位置后，陪同或引导人员要请客人先走出电梯，并说明“请出门右/左转”，等客人走出电梯后，再以最快的速度到前面去指引方向（图 7-2）。乘坐有人值守的电梯时，应让客人先进，陪同或引导人员后进，出电梯时，若电梯人不多，则应请客人先出，如果遇到人多拥挤的特殊情况，则应让最靠近门的人先出，然后按住门外与电梯行进方向相符的按钮，为客人让出通道，并控制好电梯门，保证不会因电梯门自动关闭而夹住客人。

图 7-1 楼梯的引领

图 7-2 电梯的引领

4）进出房门的引领。进房门时，对于向内开的房门，陪同或引导人员要先走进房门，用自己的后背控制房门，再请客人进门。对于向外开的房门，陪同或引导人员要首先打开房门，请客人先进门，之后自己再进入房间（图 7-3）。

图 7-3 进出房门的引领

任务实施

学生分组运用相关知识进行角色扮演；教师设定工作情景，让学生模拟迎送的准备工作，充分考虑客人的情况和己方的情况制订迎送方案，并模拟迎送工作流程，落实迎送工作细节；各小组派代表进行任务总结汇报，并对其他组的工作进行点评；教师统一点评各组任务实施情况，并强调需要注意的问题。

任务二　正式会晤礼仪

会议礼仪

会晤，亦称相见、会面或会见，一般是指人们在较为正式的场合与他人郑重其事地见面、结识、交流。在接待活动中，正式会晤多属礼节性活动，通常不会安排主客双方就实质性问题进行深入磋商，但可以直接反映主客双方关系的现实发展程度。接待人员必须掌握这一环节具体操作的礼仪规范。从礼宾接待的角度来看，会晤准备、座次安排、斟茶倒水是正式会晤最关键的几个环节。

一、会晤准备

在举行会晤之前，接待方应做好接待准备工作。具体包括以下 3 点。

（一）环境卫生

在客人到来之前，接待方需要对会晤场地（一般指会客室）进行专门布置，并做好清洁卫生工作，以便营造良好的待客环境，从而体现接待方对客人的重视。对正式会晤场地的布置应注意以下几点。

1. 安静

接待方应保证会晤场地位于相对安静之处。临街的房间，临近大门口、电梯间、洗手间及其他往来人员较多的房间，均不宜作为会晤场地。

2. 光照

会晤场地不仅要光照充足，还应光线柔和。对于处于阳面的会晤场地，要安装窗帘或百叶窗；对于处于阴面的会晤场地，应安装必要的照明设备。

3. 温度

接待方应在会晤场地安装空调。在正常条件下，室温以 24℃为宜。在夏季室外气温较高时，可将会晤场地的室温设定为较室外温度大约低 10℃。

4. 湿度

接待方应在会晤场地内放置加湿器，使室内的相对湿度保持在 50%左右。若会晤场地相对湿度高于 70%或低于 30%，则会让人感觉不舒适。

5. 保洁

正规的会晤场地一定要由专人负责保洁工作。接待方要保持会晤场地地面、墙面、桌面的清洁卫生，保持会晤场地内专用器具的整洁与卫生，保持会晤场地空气流通良好。

6. 装饰

装饰会晤场地的基本要求是简洁雅致。简洁表现为会晤场地内用具忌多、忌满、忌杂、忌乱，用具少而精。雅致表现为会晤场地的装潢和装饰性物品庄重大方，色彩不宜过多，图案不宜过乱，主色调应被限定在两种之内。

（二）待客用品

在客人来访之前，接待方需要准备必要的待客用品，以满足客人之需。一般情况下，茶水是必不可少的待客用品。接待方应提前准备好瓶装水、干净水杯或一次性水杯和袋装茶叶，待客人就座后再斟茶倒水。

接待方还应根据双方商定的会谈事宜或客人要求，提前准备文字资料等。

此外，鉴于吸烟的危害性，除非客人主动提起，否则在正式会晤中一般不必准备香烟和烟灰缸。

（三）桌签

桌签，又叫姓名签，是指举行正式会晤时放置于有关人员面前桌子上、写有其姓名的特制卡片，其作用是使他人对其姓名一目了然。接待方准备桌签时，应注意以下 3 点。

1. 工整正确

接待方书写桌签时，要字迹清晰工整，确保正确无误。

2. 易于识别

桌签所使用的字体应是规范的楷书，并且桌签两面都应书写姓名。在进行涉外会晤时，桌签面对外方人员的一面宜为印刷体外文，面对中方人员的一面宜为印刷体中文。

3. 认真核对

进行会晤时，接待方必须将每名正式参加者的姓名与其桌签一一核对，确保彼此对应，避免张冠李戴。

二、座次安排

正确的座次安排能体现接待方对客人的尊重，如果座次安排不当，则可能影响本公司的形象甚至破坏双方的交往或合作。接待座次的安排既要遵守约定俗成的规则，还要兼顾客人的日常习惯。

（一）会晤座次

正式的会晤座次排列主要有相对式、并列式、居中式、主席式、自由式 5 种。这些方式的具体操作存在一定差异，其适用的场合亦有所不同。

1. 相对式

相对式座次是指主客双方以面对面的形式落座。这种落座方式一方面便于双方进行交流，另一方面便于双方公事公办，保持一定的距离。它多用于公务性会晤。相对式座次有两种排列形式。

1）遵循“面门为尊”的原则，客人面对正门落座，主人背对正门落座（图 7-4）。

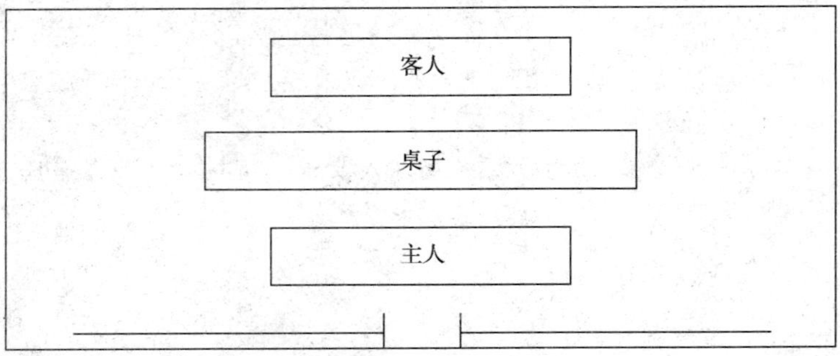

图 7-4　相对式座次一

2）遵循“以右为尊”的原则，客人落座于桌子右侧，主人落座于桌子左侧。所谓右侧，是指面向房间时，右手一侧的位置（图 7-5）。

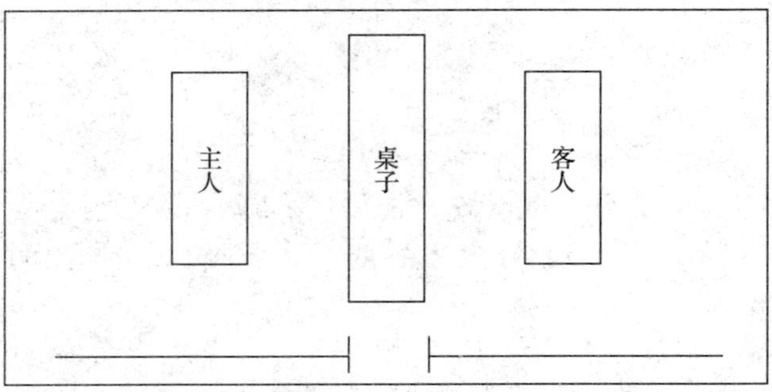

图 7-5　相对式座次二

2. 并列式

并列式座次也有两种排列方式。

1）主客双方并排面门而坐，客人落座于主人右侧。双方的其他随员分别坐在主人、客人的一侧，按照身份由高到低依次落座（图 7-6）。

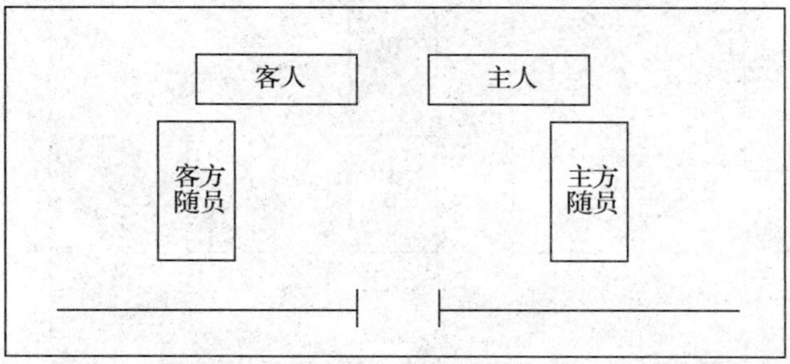

图 7-6 并列式座次一

2）主客双方在室内一侧落座，客人落座于距离门比较远的位置（图 7-7）。

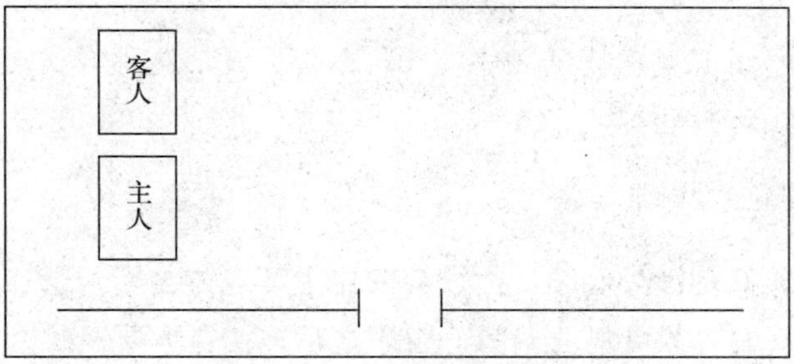

图 7-7 并列式座次二

3. 居中式

当多人并排落座时，要遵循"居中为上"的原则，客人落座于中间的座位，主人坐于客人两侧（图 7-8）。

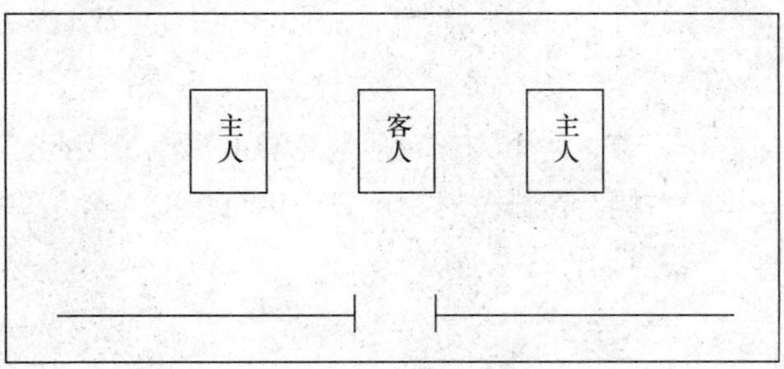

图 7-8 居中式座次

4. 主席式

主席式座次常用于主人同时会见两方或两方以上的客人时。落座时主人面对正门，客人坐于桌子两侧（图 7-9）或背对正门。

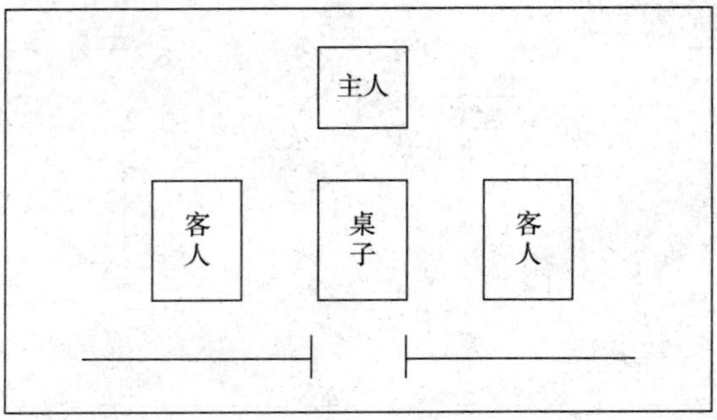

图 7-9　主席式座次

5. 自由式

自由式座次是不讲究座次排列顺序的一种落座方式，这种方式常用于多边会晤，参与者不分主次，自由选择座位。

（二）合影中的位次排列

正式的会晤，尤其是涉外会晤，往往会安排主客双方合影留念。安排合影时，接待方要事先征求客人意见，不要勉强对方。合影之后，接待方要及时为客人提供照片，做到人手一份。接待方要提前选择好合影场地，并进行必要的布置。接待方要备好所需器材并提前通知客人合影的时间等。

参与合影的主客双方，多数情况下会选择阶梯式站立方式，有时也会根据情况安排前排人员落座。此时，接待方要事先在座位上贴好名签。

国内合影与涉外合影有位次排列的区别，对此要予以重视。

1. 国内合影的位次

国内合影应遵守前排为尊、居中为尊及居左为尊的原则。因此，接待方要将客人安排于左侧，将主人安排于右侧。在排位时，还要考虑每排的人数是单数（图 7-10）还是双数（图 7-11）。

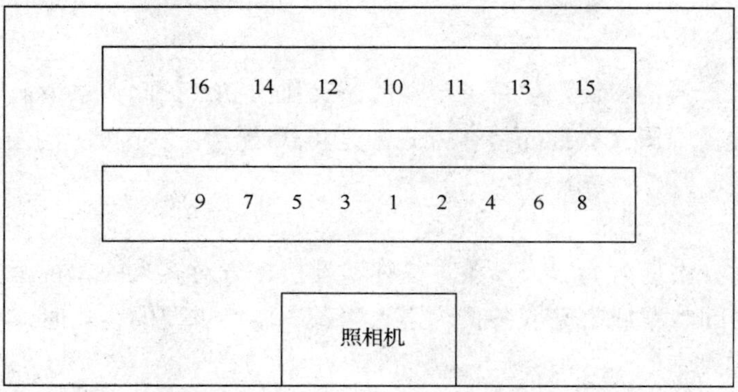

图 7-10 国内合影位次（单）

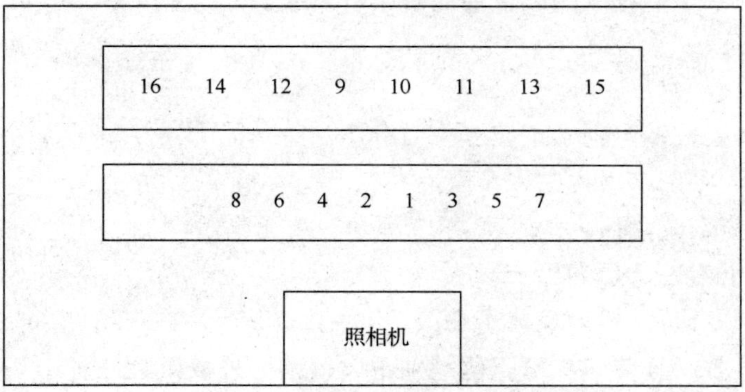

图 7-11 国内合影位次（双）

2. 涉外合影的位次

涉外合影讲究以右为尊、前排高于后排。因此，接待方要将客人安排于右侧，将主人安排于左侧，并将主方身份最高者安排于前排中间位置（图 7-12）。

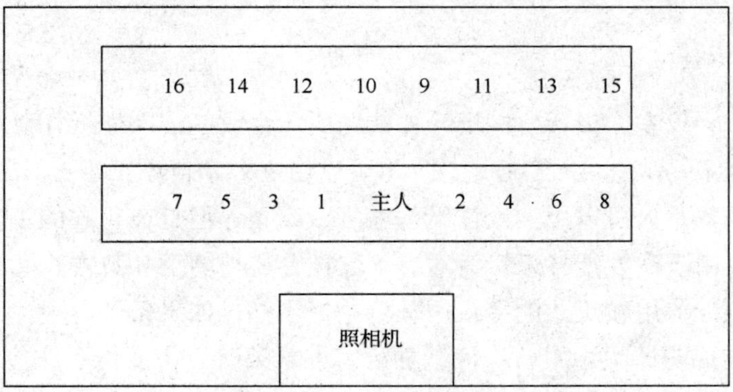

图 7-12 涉外合影位次

三、斟茶倒水

中华文明几千年的积淀，孕育了丰富的茶文化内涵。在此背景下，以茶待客作为最具中国特色、最受中国人欢迎的待客方式，是正式会晤中必不可少的组成部分。

（一）奉茶人员

以茶待客时，由何人为客人奉茶，往往涉及接待方对客人的重视程度。在家中待客时，通常由家中的晚辈或家庭服务员为客人奉茶。接待重要的客人时，则应由女主人或男主人亲自为客人奉茶。

在工作单位待客时，一般由秘书、接待人员、专职服务人员为客人奉茶。接待重要的客人时，应由本单位在场的职位最高者亲自奉茶。

（二）奉茶的顺序

若来访的客人较多，则奉茶应有先后顺序。

1）先为客人奉茶，后为主人奉茶。

2）先为主宾奉茶，后为次宾奉茶。

3）先为女士奉茶，后为男士奉茶。

4）先为长辈奉茶，后为晚辈奉茶。

如果客人很多，且彼此身份职位差别不大，则可采取下列 4 种奉茶顺序。

1）以奉茶者为起点，由近而远地依次奉茶。

2）以客厅之门为起点，按顺时针方向依次奉茶。

3）在奉茶时，以客人的到来先后为顺序。

4）奉茶时不讲顺序，或由客人自己取用。

（三）杯子的选择

1. 一次性纸杯

在接待室、会议室、银行、机场等公共场所，会放些一次性纸杯供客人取用。通常来说，一次性纸杯可以由客人自行取用，也可以由主人亲自添茶奉上。在一般性的场合，对于一般性客人，主人可以用一次性纸杯盛水或奉茶。但是在正式的场合，对于尊贵的客人，主人不要用一次性纸杯来接待对方，这样会显得随意和怠慢，尤其是在领导办公室和主席台上，应该用较正式的会议用杯奉茶。当然，如果条件有限，则可用一次性纸杯，但要向对方说明情况。用一次性纸杯给客人奉茶时，不要用手扶住杯沿递给对方，因为这样很不卫生。为了避免烫手，可以给一次性纸杯加一个杯套或者杯托。

2. 玻璃杯

玻璃杯有透明圆柱形或者方柱形等，主要用于盛放瓶装水、绿茶等。在比较正式的场合，在客人就座之前，接待方要先拧开瓶装水盖，往玻璃杯里面倒一部分水，然后把玻璃杯和瓶装水放在客人的右手边。如果客人要喝茶，则应选择绿茶，而不是铁观音、茉莉花茶或者普洱茶等，因为这些茶叶在玻璃杯里会显得不好看。绿茶的适宜冲泡水温是80～90℃，冲泡绿茶时可以先加水后加茶叶，这时，茶叶缓缓漂落下沉，茶水湛清碧绿，会产生一种美感。

3. 标准的会议用杯——瓷杯

在一般的场合，用瓷杯加杯盖接待客人就可以，但是在接待高级别的客人时，则要用四件套：杯碟、软纸垫、瓷杯、杯盖。给客人奉茶的时候，要把瓷杯的杯把转向客人的右手边45°，如果是在主席台上，则应让杯把平行于主席台。

（四）敬茶的方法

以茶待客时，应当事先将茶沏好，装入茶杯，然后放在茶盘里端入客厅。如果客人较多，则要多备上几杯茶，以防供不应求。

在奉茶时，应当借此机会，向客人表达自己的谦恭与敬意。标准的奉茶步骤是：双手端着茶盘进入客厅，首先将茶盘放在临近客人的茶几或备用桌上，然后用右手拿着茶杯的杯托，将左手附在杯托附近，从客人的左后侧双手将茶杯递上去，并置于客人右前方。将茶杯放置到位后，应将杯耳朝向右侧。若使用无杯托的茶杯奉茶，则应双手捧上茶杯。如果从客人左后侧不方便奉茶，则可从其右侧奉茶，但不要从其正前方奉茶。

奉茶时，为了提醒客人注意，可以轻声说“请您用茶”。若客人向自己道谢，则应对其说“不客气”。如果自己的奉茶打扰了客人，则应对其道一声“对不起”。

奉茶时，要注意不能用一只手上茶，尤其是不要单用左手上茶。双手奉茶时，切勿将手指搭在茶杯杯口上，或将手指浸入茶中，免得污染茶水。

放置茶杯时，既要避免直接碰撞客人，也要避免把茶杯放在客人的文件上，或客人行动时容易撞翻的地方。将茶杯放在客人面前右手附近，是最恰当的做法。有的时候，可将茶杯直接递到客人手中。

（五）续水的时机

为客人奉第一杯茶时，通常不宜斟得过满，更不应使茶溢出杯外，斟到杯深的2/3处即可，否则有厌客或逐客之嫌。

真诚地以茶待客，就是要为客人勤斟茶、勤续水。客人喝过几口茶后，应马上为其续上，不可让其杯中茶叶见底，即“茶水不尽为客添，慢慢饮来慢慢谈”。

为客人续水一定要主随客便，再三斟茶续水但不说话也是不得体的，这会让主客之间很尴尬。中国人待客有“上茶不过三杯”之说：第一杯叫作敬客茶；第二杯叫作续水茶；第三杯叫作送客茶。如果一再劝人用茶而又无话可讲，则意味着提醒客人“应该打道回府了”。有鉴于此，在以茶招待较为守旧的老年人或海外华人时，切勿再三为之斟茶。

在为客人续水斟茶时，以不打扰对方为宜。不要在客人面前操作，不得已必须这么做时，应一手拿起茶杯，使之远离客人身体、座位、桌子，用另一只手将水续入。

在续水时，不要续得过满，也不要让自己的手指、茶壶口或者水瓶口弄脏茶杯。手握茶杯的位置，应在其具体高度的 1/2 以下。如果条件允许，则在续水时还应在茶壶或水瓶的口部附上一块洁净的毛巾，以防茶水溢出。

任务实施

学生分组运用相关知识进行角色扮演和情景展示；教师设定工作情景，让学生模拟接待的场地布置工作，包括座次的安排、桌签的摆放、茶水的准备，以及会面中斟茶倒水的流程，并注意语言、仪态等细节；各小组派代表进行任务总结汇报，并对其他小组的工作进行点评；教师统一点评各组任务实施情况，并强调需要注意的问题。

任务三　交通工具礼仪

在日常的工作与交往中尤其是在礼宾工作中，轿车往往是交通工具首选，因此须了解车辆要求、座位安排及上下车的顺序等基本内容。

一、车辆要求

1）接待车辆一般要在出发前 15 分钟准时到位。接待方要确保车况良好，车容整洁，车内整齐、美观，做到无灰尘、无烟灰、无蚊蝇、无异味。

2）配备必要的季节性随车物品，包括矿泉水、雨伞、抽纸、湿巾、垃圾袋等。

3）了解接待任务的日程安排及行车路线。客人下车考察时，驾驶员应在车上等候，并做好车辆的卫生清洁工作。任务结束时，驾驶员要提醒客人检查各自的行李物品，防止遗漏。

4）遵守道路交通规则，服从交通警察指挥，确保行车安全。

5）参与大型公务接待活动时，车队应制作统一的车贴编号，贴在车辆前后挡风玻璃的适当位置。

二、座位安排

“以右为尊”是国际上乘车的礼仪原则，因此，应以车行驶的方向为准，遵循以右为尊、主随客便的原则安排座位。坐在内侧的座位所受的干扰会少一些，视野也较好，因此内侧的座位重要性高于外侧的座位。具体座位安排如下。

（一）双排五座轿车

在确定轿车的座位顺序时，首先要考虑驾驶车辆人员的身份。

当主人驾驶轿车时，座位的重要性自高而低依次为：副驾驶座、后排右座、后排左座、后排中座。当专职司机驾驶轿车时，座位的重要性自高而低依次为：后排右座、后排左座、后排中座、副驾驶座（图 7-13）。

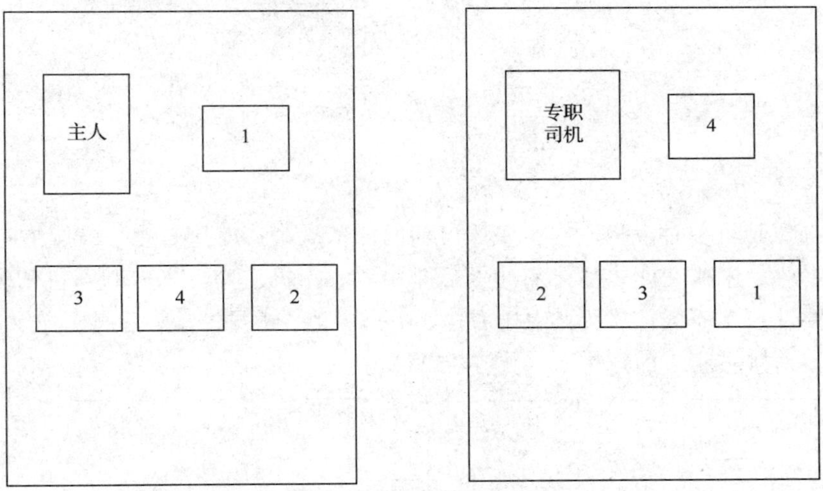

图 7-13　双排五座轿车座位排列

在正式场合，双排五座轿车的副驾驶座一般被称为“随员座”。就座此座之人，多为陪同人员，如秘书、翻译、助理、随员、保镖等。如果让客人或尊长就座于此，则是十分失礼的。同为自己人时，通常以职务高低为序安排座位，或让妇女、长辈优先选座。有客人时，则一般应将上座让与客人。

（二）三排七座轿车

当主人驾驶轿车时，座位的重要性自高而低依次为：副驾驶座、后排右座、后排左座、后排中座、中排右座、中排左座。当专职司机驾驶轿车时，座位的重要性自高而低依次为：后排右座、后排左座、后排中座、中排右座、中排左座、副驾驶座（图 7-14）。

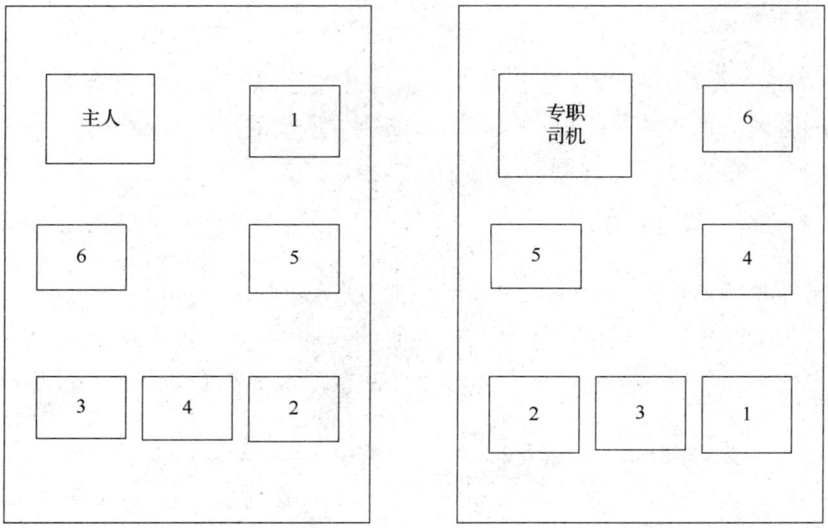

图 7-14　三排七座轿车座位排列

（三）三排九座轿车

当主人驾驶轿车时，座位的重要性自高而低依次为：前排右座、前排中座、中排右座、中排中座、中排左座、后排右座、后排中座、后排左座。当专职司机驾驶轿车时，座位的重要性自高而低依次为：中排右座、中排中座、中排左座、后排右座、后排中座、后排左座、前排右座、前排中座（图 7-15）。

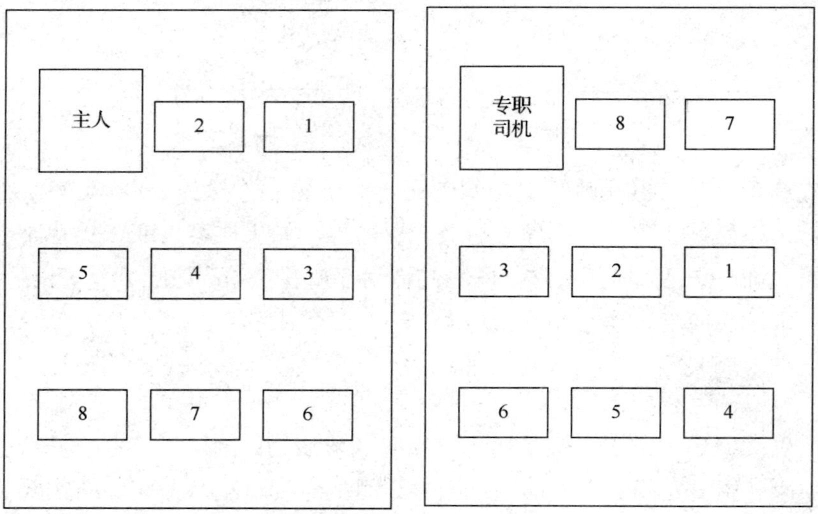

图 7-15　三排九座轿车座位排列

（四）多排座轿车

多排座轿车是指四排或者四排以上座位的轿车。无论由何人驾车，多排座轿车的排座皆须由前而后、自右而左，依照距离前门的远近排列（图 7-16）。

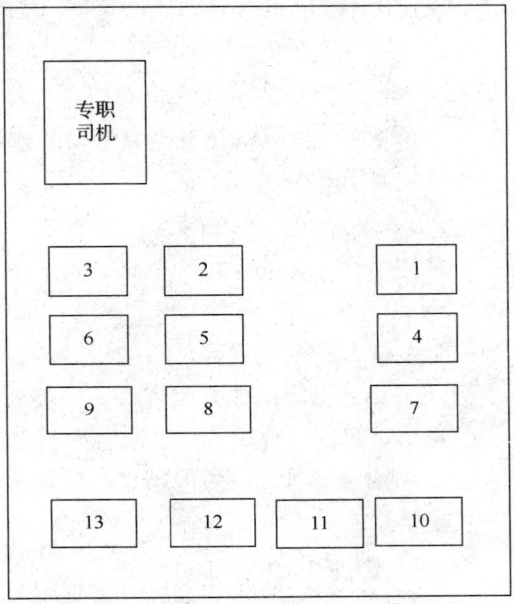

图 7-16 多排座轿车座位排列

三、上下车的顺序

在正式场合与他人同时乘坐一辆轿车时，乘客上下轿车的先后顺序有一定讲究。上下车的基本要求有两点。

1）后上先下。在上轿车时，一般要先请身份、年事较高者上车，接待人员最后上车。在下车时，接待人员要先下车。请身份、年事较高者先上车，是为了让其优先选择自己中意的座位。请身份、年事较高者在接待人员之后下车，是为了使其在下车时可以得到先下车者的照料。

对于后上先下的顺序，在执行过程中要根据实际情况灵活把握。例如，当乘坐五人座的轿车时，落座于后排中间座位的人员很难做到后上先下。

2）尾部绕行。在需要行至轿车的另一侧时，要由车的尾部而不是车的头部绕行。

任务实施

学生分组运用相关知识进行情景展示；教师设定工作情景，让学生模拟安排交通车辆前往机场、车站等地接待客人，注意车辆座位的安排与引导客人上下车的流程，并注意语言、仪态等细节；各小组派代表进行任务总结汇报，并对其他小组的工作进行点评；教师统一点评各组任务实施情况，并强调需要注意的问题。

任务四　前台工作人员日常接待礼仪

很多公司在入口处设有前台，由前台的工作人员专门负责接待来访的客人。前台是公司的“门面”，前台的工作质量对公司形象起着至关重要的作用。因此，前台工作人员应当注意礼仪，并认真遵守接待礼仪规范。

一、前台工作人员形象塑造

（一）着装要规范

如果公司有制服，则前台工作人员一定要穿公司的制服。如果没有统一的制服，则男士应当穿西服套装，女士应当穿西服套裙或西服套裤。即使公司员工普遍不穿正装，前台接待也应当着正装，以表示对客人的尊重，并且给客人留下公司管理有序的职业化印象。前台工作人员不宜过多佩戴珠宝首饰；所佩戴饰品应避免叮当作响、夸张招摇。

（二）头发应整齐、清洁

无论是哪种类型的公司，都要求前台工作人员头发整齐、清洁、不油腻、无头皮屑。前台工作人员应根据公司的性质塑造自己的发型，在通常情况下，女士的过肩长发须束发或盘发，男士则应做到前面的头发不盖住眉毛，侧面的头发不遮盖耳朵，后面的头发不触及衣领。

（三）女士应当化淡妆

女士在工作期间应化淡妆，但不可以在工作场所整理头发或补妆。如果客人看到前台工作人员正在对着镜子涂脂抹粉，则会对公司的印象会大打折扣。作为前台工作人员，必须随时保持手与指甲的整洁，不能在工作岗位修剪指甲。

（四）仪态要端庄、大方

前台工作人员的站姿、坐姿要端正，不可摇摆身体，不可倚傍墙、柜而立或蹲在地上，不可歪头、歪身、扮鬼脸、做怪动作、挖鼻孔、抠耳朵；应避免在座位上吃东西、嚼口香糖或喝饮料；不要在座位上看书报杂志，如果要看，则应把杂志或书放在膝上看，且只能在没有任何人来访时才可以看，一旦有人在前台附近出现，就要立刻收起书报杂志并将其放在隐蔽处，迅速站起身来微笑应对。

二、接待工作细节

1）有客人来访时要立刻起身，脸部和上身的正面要正对客人，保持目光交流并真诚微笑，同时询问："您好！请问您找哪位？"然后用电话告知相关人员有客来访，打电话的时候声音要愉悦。无论是接待高级管理人员，还是接待一般员工或员工家属及亲戚朋友，前台工作人员的态度都应该彬彬有礼，不能因客人身份的不同而有所差别。

2）如果前台工作人员正在打电话，此时有客人正朝前台走来，则前台工作人员应当立即告知通话者："对不起，有客人来访，我过会儿再给您打过去。"将电话挂断后，站起来面带微笑，正面面对客人开始接待工作。如果这个电话非常重要，必须先说完，则应当先暂停通话并微笑着对客人说"对不起，请您稍等"，然后尽快结束通话并开始接待工作。在打电话的过程中前台工作人员不应背对客人，否则会给客人留下拒人千里之外的印象。

3）当拜访对象不在时，前台工作人员要明确告诉客人拜访对象外出及何时回本单位，如果不涉及公司机密，则可告知客人拜访对象外出的目的地，请客人留下电话、地址，并明确是由客人再次来访，还是由拜访对象回访。

4）客人到来时，如果拜访对象由于种种原因不能马上接见，则前台工作人员要向客人说明等待理由与等待时间，并请客人在会客区等待。公司应在会客区设置客人专用的座席并随时保持会客区的整齐清洁，同时还要在附近放置公司的一些参阅资料，如产品目录、年报等刊物。如果需要客人在会客区坐下等待，则前台工作人员应当立刻给客人端上茶水、饮料。

如果客人等了很久仍未获接见，则前台工作人员应主动打电话查明原因，并且向客人说明。不能长时间让客人"坐冷板凳"。

5）如果有"不速之客"登门拜访，则应当先请对方报上姓名、单位、来访目的等基本资料，再去请示拜访对象，由拜访对象自己决定是见还是不见。对于"不速之客"，前台工作人员要多多"请示"，尽量不要擅作主张让其"见"或"不见"。

6）随时更新公司的员工名册，以便掌握公司所有人员的姓名、职务及所在的部门、电话号码等基本信息。清楚了解公司高级管理人员的头衔、主管工作范围及他们在公司的位置，以便能够正确回应客人的各项询问。

7）保证待客物品（如供客人使用的电话、水杯、置物架、雨伞架、签名簿等）配备齐全。

任务实施

学生分组运用相关知识进行情景展示；教师设定工作情景，让学生根据教师设定的不同情景进行前台工作人员日常接待礼仪的展示，并注意前台接待物品的准备与摆放，前台工作人员仪容仪表、仪态、语言等细节；各小组派代表进行任务总结汇报，并对其他小组的工作进行点评；教师统一点评各小组任务实施情况，并强调需要注意的问题。

※ **注意事项**

1）接待礼仪在一定程度上反映了公司的工作水平与员工的素质修养，任何公司和个人都要重视接待礼仪，同时接待工作涉及内容繁杂，因此要耐心学习接待礼仪，并在实施接待工作前预演接待过程，以保证接待工作的顺利实施。

2）前台日常接待礼仪是公司每个职场人常用的礼仪，也是容易被忽视的礼仪，因此应对照本书内容学习并熟练掌握相关礼仪。

3）在学习接待礼仪的过程中，一定要结合实际，活学活用。例如，在乘车座位安排中，司机驾车时尊位是司机斜后方的位置，但是当客人自己喜欢坐在前排，觉得前排更舒适些的时候，我们应尊重客人的意愿。

思考与练习

1）接待准备时须了解客人的哪些情况？

2）会见座次的排列方式一般分为哪几种？请简述主客座次的安排。

3）简述双排五座轿车在主人驾车和专职司机驾车时的座位顺序。

4）简述选择礼品时要考虑的因素。

学习评价

项目七学习评价表如表7-1所示。

表7-1　项目七学习评价表

项目	评价内容	配分	组员姓名			
关键能力考核项目	遵守纪律，遵守学习场所管理规定，服从安排	10				
	学习态度端正，积极主动地参与课堂活动	10				
	有团队合作意识，注重沟通，有自主学习意识	10				
专业能力考核项目	熟练掌握接待礼仪的流程与注意事项	20				
	能够制订一份完整的接待方案	20				
	能够按照接待流程完成一次接待工作	20				
	仪表、仪态、语言规范，注重细节	10				
小组评语及建议			组长签名： 年　月　日			
教师评语及建议			教师签名： 年　月　日			

参 考 文 献

梁晓芳，熊慧茹，2018．高速铁路乘务礼仪[M]．北京：科学出版社．

宋玉琳，陈韶珊，2017．职业礼仪项目教程[M]．北京：国家行政学院出版社．

王玉苓，2018．商务礼仪：案例与实践[M]．北京：人民邮电出版社．

熊慧茹，易志，2020．形体训练与仪态塑造[M]．北京：科学出版社．